喪失、悲嘆、希望

阪神淡路大震災　その先に

著　堀内 正美

喪失、悲嘆、希望

阪神淡路大震災　その先に

著　堀内正美

はじめに

1995年1月17日午前5時46分。淡路島北部を震源地とする阪神淡路大震災の発生により、6434人もの尊い命が奪われた。誰も予想していなかった〝まさか〟の震災だった。発災後すぐに神戸のまちに飛び出した僕が見たのは、倒壊した家屋や憔悴した市民、そして自らが被災しながらも、それでも誰かを助けようとする人たちの姿だった。

震災発生後、僕はすぐにボランティア活動を開始した。その活動はどんどん広がっていった。2002年にはNPO法人「阪神淡路大震災1・17希望の灯り」を立ち上げた。このNPOは、「阪神淡路大震災」の名こそ冠しているものの、理不尽に愛する者を奪われた人すべてのプラットフォームだ。遺された人たち、生き残った人たちが、悲しみを抱えつつも前に進むための希望を届けるために、僕はこれまで活動してきた。

活動は決して、一筋縄ではいかなかった。反発もあった。行政とも何度もやり合った。失敗も経験した。それでも、全国各地の喪失を経験した人たちが、希望の灯りを必要としてくれている。それが、いまなお希望の灯りが存続している理由にほかならない。

東京・世田谷で映画監督の子として生まれ、東京で俳優としてのキャリアを歩んできた僕。

縁もゆかりもない神戸にやってきて、阪神淡路大震災で世界が一変した。
僕が阪神淡路大震災で何を見たのか。震災後の神戸はどのように変化していったのか。震災の風化とは。喪失と悲嘆を抱えた人たちが希望を抱くためには。生き残った私たちにできること、しなくてはならないこととは——。

震災発生後、僕が見てきたこと、してきたことのすべてを、ここに記したいと思う。中には、僕の目論見通りに進んだ話もある。ただし、そんな話は数少ない。むしろ僕としては、どれだけ努力しても達成できなかったことをしっかりと残しておくことこそが、後世のために大事なのだろうと思っている。

この本は決して、「阪神淡路大震災で喪失と悲嘆を経験した人」だけに向けたものではない。この震災大国日本において、本書はこれから起こる災害の備えとしての役割も果たすだろう。

そのうえで僕は、この本を喪失と悲嘆を経験したことがあるすべての人たちに届けたい。この世に生まれ落ちた以上、喪失を経験していない人間はいない。誰しもが、普段周りの人たちに見せる表情の下に、程度の差こそあれさまざまな悲嘆を抱えている。自分の愛する人を喪った悲しみは、どれだけ年月が経ったからといって癒えることはない。そのことを、僕はよく知っている。それでも、人は前を向くことができる。希望を抱くことができる。そのために何が必要なのかも、しっかりと書いたつもりだ。

偉そうなことを言うつもりはまったくない。それでも、これまで僕が何を見て、何を考え、何をしてきたのかを伝えることで、一歩踏み出してくれる人がいるならば、こんなに嬉しいことはない。どうかこの本を手に取ってくれたあなたが、この本を読んで何か一つでもいいから見いだしてくれることを、僕は強く願っている。

最後に、感謝を伝えたい。まずは、執筆にあたって大きく力を貸してくれた朝日新聞社の記者、島脇健史さんに。さらに「震災モノは売れない」と言われてこの企画がボツになりそうになったことに憤慨し、「なら私が出版する」と出版社を立ち上げ、この本を「(株)月待舎」の一作目として出版してくれた松田小牧さんに。そして、僕をこれまで支えてくれたすべての人たちに。いまは亡き祖父母と両親に。いま僕を支えてくれている愛する妻と息子に。

2024年11月8日

堀内正美

目次

第三章 「市民主導」の成功と挫折 113

第四章　東京生まれの俳優、神戸へ行く 169

第五章　喪失、悲嘆はすぐそばにある 219

第一章　阪神淡路大震災の発生

松本敏之 撮影

1995年1月17日午前5時46分

1995年1月17日午前5時46分。神戸を大きな揺れが襲ったのは、ほとんどの人が眠りについているような時間帯だった。

僕もやはり、まだ夢の中にいた。当時僕が住んでいたのは、神戸市北区にある2階建ての一軒家。2階の部屋に敷いた布団の中で、いつも通りの一日が始まるのを待っていた。

すると突然、床下から爆発音のような音が轟き、自分の身体が宙に浮く感覚を覚えた。最初は「家が爆発したのか?」と思ったが、さらに地下から「ゴォォー」という重い音が飛び込んでくる。その音はたとえるなら、巨大な鉄の球が地底のトンネルから迫ってくるイメージだ。そんな不穏な音が、どんどん僕の方に近づいてきた。

その音の正体を考える間もなく、すぐに部屋が大きく揺れだした。

地震だ!

「子どもを守らなくては」と、まずは子どもに覆いかぶさった。経験のない大きな揺れに、思わず子どもにしがみついたと言ってもいいかもしれない。幸い、倒れるようなものは何も部屋になかった。まだ小学生だった子ども2人も、さしもの揺れに眼を覚ました。子どもたちは何が起こっているのか皆目見当もついていない様子だったけれど、明らかに恐怖を覚えていた。

やがて揺れが収まったとき、まず頭に浮かんだのが「逃げ道を確保しておかなければ」という思いだった。そこで部屋から出ようとしたが、ドアが開かない。仕方がないので別のドアからリビングに回った。リビングにはモノが散乱し、食器棚からも食器が飛び出していた。ちなみにドアが開かなかった理由は、ドア付近に置いていたモップが倒れてつっかえていたから。「ドアの付近にはモノを置かない」。こんな意識すらも当時は持ち合わせていなかった。

そのまま玄関から出てみると、辺りはまだ薄暗いものの、ポツポツと灯る街灯は、しっかりと辺りを照らしていた。見渡してみても、そこまで大きな被害を受けた家もなさそうだった。それでも玄関までの動線を確保したところで、「余震が来るかもしれない」との危惧から、念のため子どもたちを外に出した。

そして一旦家に戻り、ガスが出ていないか、自分の鼻を頼りに確認した。いの一番にガスを確認したのは、僕が東京出身だったからかもしれない。1923年9月1日に発生した関東大震災では、倒れた家から出た火が大きな火災につながり、多くの死者を出した。その教訓がなんとなく頭にあったことから、「地震が来たら火に気をつけなければいけない」との思いが真っ先に浮かんだのだ。

それから少し時間が経ち、「多少モノが散乱しているといっても、おそらくわが家は大丈夫だろう」と判断した。それでも一般的な親であれば、「余震が来る可能性がある。子どもが心配だ」と、家にいることが普通かもしれない。

でも家の無事を確認した僕は、その後すぐカメラを引っ張り出し、車に乗り込んだ。それは外に出た際、神戸市長田区方向の空に、キノコ雲が数本立ち上っていたのを確認したからだ。「とてつもなく大変なことが起こっているのかもしれない」。僕はそう感じた。神戸のまち、そしてそこに住む友人たちの顔が次々に浮かんできた。

また、映像の世界で生きてきた僕としては、「そこに映しておかなければならないものがある」という使命感のような思いもあった。その点についてよくよく振り返れば、父の影響もあったろうと思う。映画監督であった僕の父は、「映画というのは、もちろん物語性もあるけれど、その時代を表象するものでもある」とよく言っていた。そんな父は普段から、家でも何気ない日常を撮影していた。父の撮影した写真には、確かにその時代が映りこんでいた。「映像は時代を映し出す」という感覚が染みついていた僕は、震災という事実を残しておくことが、これからの世の中のためにも必要になるかもしれないと考えたのだ。

車で山麓バイパスを進み、鵯（ひよどり）料金所付近では数本の白い煙が立ち上っていることを確認した。不安だけが高まる中、そのまま神戸の中心部に向かっていった。

神戸の中心部に近づくにつれ、倒壊した建物が目に入るようになった。中には1階部分が完全につぶれてしまっている建物もあった。神戸電鉄湊川駅にほど近い、つい先日行ったばかりのスーパー・トポスも、すっかりひっくり返ってしまっていた。

僕は絶句した。映画の中でしか見ないような光景が、眼前に広がっている。そこはもう、僕が知っている神戸ではなくなっていた。それはさながら、子どものころに写真で見た、空襲によって叩きのめされたまちのようだった。

マグニチュード7・3、最大震度7を記録したこの地震は、いつの間にか「阪神淡路大震災」と呼ばれるようになった。関西全域に大きな被害を与えたこの震災における犠牲者は実に6434人にのぼり、最も甚大な被害を受けた神戸市だけで4571人の市民が亡くなった。怪我人も全体で4万3792人、半壊以上の認定を受けた家屋は25万棟ほどという、まさに未曽有の大震災だった。

火の手が迫り、子どもにすがる母親を引き離す

僕は、煙が見えた長田区のほうに車を走らせ、車を停めた。時刻はもう昼ぐらいになっていたと思う。多くの建物が倒壊しており、映画の中でしか起こらない、起こってはいけない光景がそこにはあった。

僕はカメラを手に取った。いまでこそ多くの人がスマートフォンを持ち、まるで「1億総カメラマン」の様相を呈しているが、1995年当時、日常的に写真を撮ることは決して一般的ではなかった。

その刹那、僕の頭の中に浮かんだのは、ピュリツァー賞を受賞した有名な写真「ハゲワシと少女」だった。1993年、スーダンでは内戦と干ばつのために深刻な飢餓が起こった。そんなスーダンを撮影しにやってきたカメラマンのケビン・カーターは、ハゲワシがうずくまった少女を狙う場面に遭遇し、シャッターを切った。その写真はニューヨーク・タイムズに掲載され、世界中からスーダンの現状に関心が寄せられた。

しかし、僕はシャッターを切ることができなかった。あちこちから泣き叫ぶ声が聞こえ、血を流した人たちが取り残されている。そんな人たちに、カメラを向けることができなかった

のだ。ここで僕がすべきことは写真を撮ることではない、との思いも浮かんだ。

なおケビン・カーターの話に戻ると、彼の写真には絶賛とともに「なぜ少女を助けないのか」との批判も数多く寄せられ、「報道か人命か」の議論を巻き起こした。そしてケビン・カーターは、ピュリツァー賞受賞式のわずか2か月後に、自ら命を絶った。

阪神淡路大震災の取材に入ったカメラマンの中にも、「報道か人命か」で逡巡する者も多かったと聞いた。ある新聞社のカメラマンは2人で被災地に入り、「どちらかが写真を撮っているときは、もう一人は人助けをする」と決めたそうだ。

長田区に着いた僕は写真を撮るでもなく、しばらく立ち尽くすことしかできなかった。すると、「何をぼーっとしてるんや！」という声が聞こえてきた。「助けを求める声が聞こえるやろ！」。必死で救助活動をしていた住民の男性だった。その声を聞いた僕は我を取り戻し、倒壊した家屋に取り残された人々の救出活動に加わることにした。

一緒に救助に当たったのは10人くらいだったと思う。中におじさんもおばさんも、中学生くらいの男の子や女の子もいた。被害の少ない北区から、自分と家族の無事を確認したうえでやってきた僕は、コートやマフラー、手袋を着用した完全武装の状態。それに対して周りはみんなパジャマのままで、裸足の人も多かった。ケガをしている人もいた。それでも裸足でガラスの上を歩いてでも、何とかして一人でも多くの人を救おうとしていた。

「そこに人がいる！」

「そっちを持って！」

「がんばれ！　もうすぐ助けるからな！」

そんな声が飛び交う中、僕自身も何人かの人を助け出す手伝いができた。

しかしここで、生涯忘れられない出来事が起きた。ある家で、男の子が自宅の梁に挟まれ、助けを求めていた。おそらく小学校高学年ぐらいだろうか、意識ははっきりとあるようだった。何とか家から脱出できたその子の母親も、何とか子どもを助けようと、無我夢中で梁を動かそうとし、周りの大人たちも協力した。

でも、現実は非情だった。それまで家を支えていた太い梁は、人の手ではびくともしない。そんな中で、火の手がすぐそこまで迫ってきた。熱気を肌で感じる本当にギリギリのところまで粘ったけれど、「もう助けられない。逃げよう」と判断するしかなかった。

だけどその子の母親は、その子のそばを離れようとはしない。必死にわが子に手を伸ばし続けていた。このままでは子どももろとも焼け死んでしまう。僕らは彼女を数人がかりで必死になって押さえつけた。どれだけ僕らを振りほどこうとしても、僕らは決して彼女を離さなかった。そして、火の届かない場所まで、彼女を運んだ。

　梁に挟まれた子どもも、その母親も、そのとき何か言葉を発していたとは思う。けれど、僕はそのとき親子が何と言っていたのか、いまも思い出すことはできない。僕が何と声をかけたのかも覚えていない。あまりに強烈な出来事は思い出すことすらできないこともあるのだと、僕ははじめて知った。

　僕が覚えているのは、自分の目から流れ出る滂沱の涙だけだ。それまで45年生きてきて、いろいろな苦しいことがあった。「死ぬかもしれない」と思ったこともあった。しかし、これほどまでに涙がこぼれ出たことはない。「人はこんなに泣けるものなのか」。そう思った。

　なお長田区は、甚大な被害を受けた神戸市の中で、区ごとに見たときの死者数としては東灘区、灘区に次ぐ3番目の被害だった。ただし、全壊認定を受けた建物は1番多い。それはなぜかというと、大規模な火災が発生したからだ。地震発生から10日間で、長田区では約52万4000㎡が焼失した。これは神戸市内の焼失延べ面積約81万9000㎡の6割以上を占める。阪神淡路大震災は就寝時間帯の災害だったため、その犠牲者の死亡理由の多くは圧死だが、こと長田区においては、火災による死者の数が目立った。

震災から少し経ち、僕はまた長田区を訪れた。焼け跡に手を合わせるためだ。あの親子がいた場所には花が手向けられていた。しばらくその辺りを歩いていると、偶然当時一緒に救出活動を行った女性と出会った。「子どもの母親はいまどうしているのか」と聞いてみると、すっかり心を病んでしまい、転居してしまったとのことだった。

いまでも、もしもう一度同じ場面に遭遇したとしたら、僕は同じ行動を取ると思う。わが子と一緒に火に包まれようとする親がいるならば、何としても止めるだろう。ただその一方で、子どものそばにいると決めた母親を引き離したことが、「その母親にとって本当に正しい行動だったと言えるのか」については、いまも時折考える。もし愛するわが子が、自分の目の前で炎に包まれそうになっていたとき、自分はその場から逃げることができるだろうか。

あのお母さんも、僕らのことを「どうして私だけを助けた。どうしてあの子から引き離した」と恨んだかもしれない。いまの僕は、彼女がどうか健やかに自分の人生を生きていることを祈るしか、できない。

火の手が上がる長田区の商店街（写真提供：神戸市）

動けなくなった僕を動かした一言

子どもを助けられず、母親を安全な場所まで運んだ後は、しばらく僕自身も放心状態にあった。うずくまり、動くこともできなくなった。そんな中で、ともに救助にあたっていた人が、「次に行くぞ！」と叫んだ。その大きな声に、僕の身体も動かされた。

どれだけの苦しみの中にあっても、誰かのためであれば人はまた立ち上がれる。そう知ったとき、「人間ってなんてすごいんだろう」との静かな感動が、胸のうちに沸き起こった。

その後もしばらく救助活動を続け、家に帰ったころには夜になっていた。そして子どもたちに「いま神戸はこんな大変な状況になっている」と伝え、次の日には子どもたちを連れてまた神戸の中心地に行き、自分たちにできることを探した。

本当に正直に言ってしまえば、僕は東京の出身で、とくに神戸にゆかりがあるわけではない。実家は東京にあるし、俳優としての仕事は段違いに東京のほうが多い。傷ついた神戸を見捨て、「東京に帰る」という選択肢もあった。僕の家も、扉がしまりにくくなったり廊下に傾斜ができたりと、後に一部損壊の判定を受け、建て替えざるを得なくなった。

ただそのとき頭にあったのは、「神戸は沈没したわけではない」との思いだった。神戸が一つの船だとして、沈没したのであればすぐに逃げ出さなければならない。でもいまの〝神戸丸〟は座礁しただけ。ならば慌てて外に出るより、支援の手を待ったほうがいい。そうすればいつかは必ず立ち直ることができる。僕はそう確信していた。

子どもたちにも、「神戸はこれから大変だよ。東京に帰るという選択肢もあるけれど、君たちはどうしたい？」と聞いてみたところ、子どもたちも「神戸が好きだ。神戸に残りたい」と言った。その言葉を聞いた僕は、「よしわかった。お父さんもできる限りのことはやるからな」と伝えた。

僕は震災によって、本当の意味での「神戸市民」になったのだと思う。

そこには「神戸のためにがんばらなければならない」といった使命感があった。さらには憤りの気持ちもあった。それは同じ神戸市民でありながら、われ関せずとばかりに日常生活を送っている人たちへの憤りだった。

震災翌日、僕はポリタンクを買って水を汲み、自宅に置いてあった食べ物と一緒にせっせと被災地へと運んだ。ポリタンクを車に積み込んでいると、近所に住む男性が話しかけてきた。

「堀内さん、何をしているんですか」

「何って、被災地に水を運ぶんだよ」

「そうですか。がんばってくださいね」

男性はそんなことを言いながら、呑気に車を洗っていた。まったくの他人事だ、と僕は感じた。実際、僕の住む北区、それに西区なんかは、同じ神戸市内と言っても被害が少なく、断水も極めて一時的なものだった。お店も通常通り開いていた。直線距離にしてほんの数キロ先に、たった一つの冷たいおにぎりを食べながら恐怖と不安に打ちひしがれている人たちがいるのに、ここではまったくの日常生活が展開されている。耳をすませば、ピアノの音色まで聞こえてくる。

メディアでは、遠くからタンクローリーで水を運んできた様子が報道されていた。でもわざわざそんな遠くから水を運んでこなくても、北区・西区に住む住民が自分の家から水を汲んで運べばすぐに解決するはずじゃないか。でも、そんな〝簡単なこと〟は実現しなかった。

北区や西区の住民の中には被災地に足を運ぶ人たちもいたが、支援に向かった人は甚大な被害を受けた被災地に実家があるようなケースが多かった。当時の北区や西区には綺麗な新興住宅が立ち並んでおり、長田区などの昔ながらの下町で育った人が好んで家を買っていた。

もちろん何も行動していない北区や西区の住民の中にも、神戸の被害に心を痛めている人はたくさんいた。「何かしたいけれど、何をしたらいいかわからない」と思っていた人も多かった。「何をすればいいかわからないから、日常生活を送らざるを得なかった」。これはまだわかる。ほかには「ひょっとしたら大きな余震が来て、今度こそ家がつぶれるかもしれない」と不安におののく人もいた。それも仕方のないことだろう。

だが中には、普段と変わらぬ日常生活を送りながら、「明日も会社が休みか。特にすることもないし、暇だな」などと考える人も少なからずいた。震災からしばらく、近くのパチンコ屋は常に満席だった。

心に響く「がんばろうね」の合言葉

震災の1年ほど前から、僕はラジオ関西で月曜から金曜までの平日朝5時半から始まるラジオ番組「おはようラジオ朝一番」の金曜パーソナリティーを担当していた。この番組はほんの1年ほどしか続かなかったけれど、「朝から心がつらくなるようなニュースは読みたくない」といった僕のわがままを聞いてくれて、割合僕の好きなようにやらせてくれた。

朝5時半開始ということで、震災が起こったときもこの番組が放送されていた。震災は火曜日だったので、パーソナリティーは僕ではなく、能崎まゆみさんというアナウンサー。「お目覚め体操朝一番」のコーナーで、〝寝たままできるエクササイズ〟を紹介している最中、5時46分を迎えた。

震災では神戸の中心地・三宮より震源地に近い海岸沿いに所在するラジオ関西の社屋とスタジオも大きな被害を受けた。社屋の壁は崩落し、壁から見える鉄筋も弓なりになっている。番組制作の要となる主調整室・副調整室の機材もそのほとんどが横倒しになった。4室あるスタジオのうち3室は使用不能な状態だったが、1室だけが軽微な損傷にとどまったことから、13分5秒の放送停止を経て、放送を再開した。いつ余震が来るともわからない中、これが報道機関の矜持というものだろう。

震災発生から30分ほどしか経っていない午前6時17分には、社員や関係者に電話で被災状況をレポートするよう要請する放送を行い、各地の状況や避難情報などをリアルタイムで放送した。その放送の中でも、長田区で起きた火災で家の下敷きになった息子を炎の中に残して逃げざるを得なかった男性のインタビューを行っている。悲劇は、至るところで起きていた。

その後ラジオ関西では、1週間ほど震災に関する情報を中心に放送した。金曜日はいよいよ僕の担当日だ。中には、「堀内さん、スタジオがいつ崩れるかわからないから来ない方がいいよ」と親切心からアドバイスしてくれる関係者もいた。ラジオ関西の社屋は大きく損傷していたし、「余震が来たらなんとか残ったオンエアスタジオも倒壊するかもしれない」とみんなびくびくしながら放送していたのだから、そのアドバイスはもっともだと思う。ちなみにラジオ関西は、後に全壊の判定を受けている。

でもそんなギリギリの状況で何とか放送をつないでいる中で、僕が「危ないから行きません」とはとても言うつもりになれなかった。むしろ逆に、〝ある提案〟を行った。

激震地において、自分の身を顧みず誰かを助けようとする人々の姿を見てからというもの、僕は「自分にももっと何かできないか」とずっと考えていた。そこで、支援物資に関する情報を受け付ける電話を開設してほしいと局に頼んだのだ。もともと安否情報などを番組で放送していたラジオ関西は、僕の提案を受け入れてくれた。

木曜日にラジオ関西に向かってみると、いまにも崩れ落ちそうなスタジオの中で、わずかな人数のスタッフとアナウンサーが、安否情報やライフラインの情報を読み上げていた。支援物資に関する情報を受け付ける6台の電話はひっきりなしに鳴っている。僕もいてもたってもいられず、受話器を取る。不安で声を震わせる、息子を探す母親の声が飛び込んできた。そしてマイクを取り、視聴者に対し「○○くん、元気だったら連絡をください。お母さんは室内小学校にいます」と呼びかける。そうしてまた電話を取り、被災された方の声を聞く。ときには支援する人からの電話もあった。「ガードレールのところにペットボトルを置いておきました。必要な人は取っていってください」と伝えたときは、しゃべりながら「そんな手があったか」と驚かされた。

電話を受けていくうちに、寄せられる電話の中には「怖くて何にもできない」「周りがみんないなくなってしまって、一人でどうしたらいいんだろう」といった、どうしようもない不安を訴える声も多いことがわかった。

不安を抱える人たちに、最初は「大丈夫だからね」などと声をかけた。だけど、相手は「でも、不安なんです」と続ける。堂々巡りだ。だが堂々巡りだからといって、相手は大きな不安を抱えている方たち。なかなかこちらから電話を切ることはできない。そんなケースがたくさんあった。

次に僕は、ふと「がんばろうね」と声をかけてみた。「あなたの不安な気持ちはよくわかる。大変でしょう。確かにいまは独りぼっちかもしれない。でも絶対に助けは来るから。がんばろうね」と言った。そうすると、電話をしてきた方は「わかりました、がんばります」と言い、すんなり電話を切ったのだ。

そこで僕は、次に電話してきたやはり不安を訴える被災された方に対し「大丈夫だよ。１人じゃないよ。がんばろうね」と言ってみた。そうするとやっぱり、「ありがとうございます、がんばります！」と返ってきて電話が切れた。

「大丈夫」の言葉だけでは堂々巡りだったのに、「がんばろうね」の言葉にはみんなが反応してくれる。いま暗がりの中にいる被災された方に必要なのは、共感と、そしてその背中をそっと押す言葉なのかもしれない。

そう思った僕は、周りの局員らにも「がんばろうという言葉が被災された方には響くのかもしれない」と伝えてみた。そうするとやっぱり、「がんばります」「ありがとうございます」と言って電話を切る人がとても多いことが確認できた。

すでに日付が変わって金曜日になったころ、そんな気付きを得た僕らは、「合言葉は『がんばろう』だね」と言い合った。

そうして気が付けば朝の3時になっていた。通常、僕が担当する番組は朝5時半からの放送だが、この日は5時から始まることになっていた。そこでさすがに少しの休憩を取ろうということになったが、ここで番組の担当者とちょっとしたいさかいも起きた。それまでラジオ関西では、コマーシャル抜きで震災情報だけを流していた。しかし局の意向としては、「金曜日の放送から通常放送に戻したい」とのことだった。具体的に言えば、テーマソングを流して「まだ起きている人も、もう起きた人も、おはようラジオ朝一番！」のあいさつから番組を始めて、番組の間にはコマーシャルを流したいということだ。

もちろんいつかは番組を元に戻す必要がある。局としても営利企業である以上、コマーシャルを流さなければ収入は得られない。僕の番組だって、スポンサーがいるからこそ成立していることはわかっている。

だが、未曽有の大震災からまだ3日。いくらなんでも早すぎる。被災された方の気持ちを思えば、とても陽気なコマーシャルを流すべきではないだろう。そんなことを局の担当者に伝え、何とか僕の番組では流さないことになった。ただし僕の放送が終わってからは普段通りコマーシャルが流された。いまでもそのときに流れた、焼肉屋のコマーシャルをよく覚えている。「こんな寒い日には、焼肉でも食べなきゃ！」。軽快なそのコマーシャルに、被災された方はなんと感じただろうか。

「おはようラジオ朝一番」の中では、「みなさん、困りごとがあれば、この番号に電話をかけてくださいね」とラジオ関西の電話番号を伝え続けた。そして、「がんばろう神戸。私たちのまちだから」と何度も何度も呼びかけた。

市民ボランティア・ネットワーク「がんばろう!!神戸」を立ち上げる

震災発生前、ほとんどの人が、神戸というまちには「大きな地震は来ない」と思っていた。むしろ当時すでに首都直下地震や南海、東南海地震が起こる可能性のほうが指摘されていて、僕自身も「危ないのは東京だ」と確信していた。東京に住む知人にも、「そんな危ないところによく住めるね」と言っていたくらいだ。

ところが神戸に移り住んで11年目、阪神淡路大震災がやってきた。そこで僕が見たものの一つは、どんな境遇にあっても誰かを助けようとする人間の尊さ。そしてもう一つが、突然放り出されてしまった人たちの姿だった。震災では、高齢の方や障がいを持った方たちが期せずして一挙に公の場に放り出された。「これほど〝弱い〟人たちが神戸にいたのか」と僕は驚いた。ある意味で、超高齢社会を先取りしたような状況だ。

自分の力だけでは生活していくことに困難さを覚えている人たちがたくさんいるのであれば、誰かが助けなければならない。しかし僕一人だけでは、できることは限られている。僕に何ができるのだろうか。そんなことを考え続けた結果、「誰かと誰かをつなぐことならできるかもしれない」との結論に至った。それはやはりラジオ関西において、被災された方の声と、支援する人たちの声を聞いたからこそ浮かんできたアイデアだった。

被災された方からは、「水がほしい」「布団が足りない」といったＳＯＳが寄せられる。一方で「どこどこに水がある」「おむすびをどこどこに持ってきた」といった情報も届く。その情報は届けるだけで精いっぱい。でも情報はつなげなければ意味をなさない。

「つなげることは、僕でもできる」。そう思った僕は、二つの携帯電話を片手に、市民による市民のためのホットラインづくりを始めようと決意した。

そこでまずは、僕の動きを知ってすぐに駆けつけてきてくれた近所に住む門前守さんと、神戸市会議員（当時）だった桜井良生さんの３人で、今後やるべきことについて語り合った。

「北区は何事もなかったよ、と子どもたちに言えるのか……」

「いや、子どもたち世代のためにも、神戸再生のためにみんなで力を合わせてがんばりましょう！　そうだ『がんばろう‼神戸』の名前を付けた場所をつくって、被災された方々の支援活動をしましょう」

そんな風に、どんどん話がまとまっていった。でもそうなると場所はどこに？　電話はどうやって引く？　などの課題が当然出てくる。ただ、それほど悩む間もなく、市会議員の桜井さんが動いてくれた。素早い！

「場所は関西スーパーが入っているビルを借りました！」

「電話はＮＴＴに交渉して、選挙用の臨時回線を借りました！」

政治家にはこんなこともできるのかと、素直に感心させられた。

さらに、「避難所に支援物資を運ぶ車がいる」とさらなる課題を見つけると、今度は門前さんが「僕はいま会社の労働組合担当なので、組合の車なら提供できます！」と言ってくれて、実際に持ってきてくれた。このとき、〝目には見えない後押しの力〟を、僕は確かに感じていた。

そうしてあっという間に、市民ボランティアが集まる『がんばろう!!神戸』が立ち上がり、「市民による市民のための情報公開スペース」を完成させた。スペースのオープンは1月23日。震災から一週間目のことだった。

僕はラジオだけでなくテレビ局に勤める知人にも連絡して、僕の携帯電話の番号を伝え、支援物資や資金、人材の提供を呼びかけてほしいと全国に依頼した。そのおかげもあり、スペースでの活動は、ＴＢＳのアナウンサー山本文郎さんがメインキャスターを務めていた『モーニングＥＹＥ』の生ライブでスタートさせた。

現場リポーターからの「なぜこのような場所を作ったんですか？」の質問に、僕は「困ったときはお互い様じゃないですか！」と答えた。

放送が終わってまもなく、人々がこちらにやって来る。凄い！みんな手助けに来てくれたんだ。僕は笑顔で出迎えた。「みなさんありがとう！」その言葉を遮るように、「あんた、ここでなにをやるつもりなんや。選挙運動でもやるんか」との言葉が耳に届いた。

やってきたのはボランティアではなく、地域の自治会や婦人会、議員の後援会の人たちだった。僕がいくら自分の想いを説明しても、彼らは「被災された方への支援をするのは自分たちの役割。余計なことはしないでくれ」と言った。そこで「でもいまはまだ何もしていないですよね」と聞くと、「役所から指示が来るのを待っている」と返ってきた。

ただそう言われたところで、悲惨な状況を目の当たりにし、自分にできることがあるのにやらないという選択肢は僕の中になかった。「いやいや、僕たちは数も少ないですし、そんな大したことはできませんから……」と宥めすかし、なんとか帰ってもらうことに成功した。

思ってもみなかったスタートではあったが、その後ぽつぽつと、近隣に住む方たちが「何かお手伝いできることはありませんか」と集まってきてくれた。「ボランティアをしよう！」ではなく、「自分もできることがあれば」との思いから、駆けつけてくれたのだ。

そこには近所に住む人たちも、全国から駆けつけてきたボランティアも来てくれた。中には神戸に越してきたころに公園で一緒に遊んだ〝かつての子どもたち〟もいた。少しだけ離れた地域から来たような人たちには「なぜ自分の地元で活動しないのか」と問うてみた。すると、やはり自治会や婦人会、議員の後援会といった団体が地域をまとめているため、活動しようにもする余地がないとのことだった。

〝赤ちゃんのお風呂屋さん〟の誕生

気が付けば、ボランティアの数は数十名、数百名の規模に達した。

「生きていてよかった、生まれてきてよかったと言える神戸を作るために一緒にがんばろう」こんな思いから、僕たちの活動を、「がんばろう!!神戸」と名付けた。震災から6日後のことだった。いまのように「ボランティア」が決して当たり前ではない時代。僕たちも当初は自分たちが「ボランティアをしている」とはっきり認識していたわけではない。「ただ何か自分にできることをしたい」と思っていただけだった。

「がんばろう!!神戸」では、まずは〝困りごとを抱えている人〟と〝困りごとに応じて支援してくれる人〟を結び付けることを目的とした。被災地の市民からは「いま必要としているもの（ニーズ）」を聞き、被災地以外の場所に住む人たちには「いま提供できるもの（シーズ）」を聞く。

そして片側の壁に付箋でニーズを貼り出し、もう片側の壁にシーズを貼った。そのようにニーズとシーズを可視化し、つなげようという試みだ。壁は瞬く間にメモで埋め尽くされた。

はじめてのマッチングは、赤ちゃんの入浴支援だった。「赤ちゃんを1週間お風呂に入れられず、同じおむつを履いているのでおむつかぶれがひどい」といった相談に、子育て経験のある母親たちが目の色を変えた。「うちの子も小さいとき、オムツかぶれができて苦労したのよ。これってこまめに洗うしかないのよね」と話すと、若者が反対側の壁のメモを見つけて「それだったら、この〝お湯あります〟と言ってくれた人に連絡してみよう」と言い、高校生の女の子が「このベビーバスもあったらいいんじゃないの」と、連想ゲームのようにつながっていく。

そして「下呂温泉からお湯を届けられる」と書いてあるメモを見つけた人から「これで洗ってあげられるのでは」との意見が出ると、「でも外で入浴させるのは寒いよね」「あっ、『幼稚園の教室が三つ空いている』ってあるよ！　ここを借りよう」と話が進む。僕が「でも車が必要だよな」というと「私が運転します！」と名乗り出てくれる人がいる。

かくして、神戸市中央区の幼稚園に、赤ちゃんのためのお風呂屋さんが完成した。その情報をまたラジオやテレビで伝えると、神戸市内の産院であるパルモア病院から、「新生児用のお湯が足りないんです。わけてくれませんか」と連絡が来たので持っていく。その情報を伝えると、大阪の佃煮屋さんが「商売用の釜でよければ、湯を沸かして持っていきます」と申し出てくれる。そのおかげで僕たちの元には1日2トンものお湯が届けられ、その旨をまたラジオで告げると、「ぜひお風呂に入らせてください」という親子連れがたくさんやってきた。当時の紙おむつは、まだいまほど性能が良くないこともあり、おむつかぶれに悩む赤ちゃんが多かったのだ。

たくさんのニーズとシーズをつなげるために、僕のこれまでの人脈をフルに生かして、テレビやラジオに積極的に取材を持ちかけた。おかげで、たくさんの支援の声が寄せられ、全国から数百人ものボランティアが「がんばろう!!神戸」のために駆けつけてくれた。

ときには、「震災を利用した売名行為だ」と言われることもあった。それらの誹謗中傷がまったくこたえなかったかと言われると嘘になるが、そのときの僕は被災された方のため、神戸のまちのために自分が使えるものはすべて使ってやろうと決めた。

ほどなく、「がんばろう!!神戸」のキャッチフレーズは、自然と市民に浸透していった。当時を生きていた人なら、神戸市民以外でも「がんばろう神戸」というキャッチフレーズに、なんとなく聞き覚えがある人もいるかもしれない。それは、プロ野球オリックスのおかげによるところが大きいだろう。

震災では、オリックス・ブルーウェーブ（現オリックス・バファローズ）が本拠地としていたグリーンスタジアム神戸（現ほっともっとフィールド神戸）も大きな被害を受け、選手たち自身も被災した。そんな中にあって、オリックスは「野球で神戸を盛り上げることが復興の一助となる」と、〝がんばろうＫＯＢＥ〟を掲げ、そのキャッチフレーズをユニフォームに縫い込んだ。僕の元には、事前に球団関係者から「〝がんばろう神戸〟を使わせてほしい」と連絡があり、二つ返事で応じていた。

4月1日の開幕戦には、グリーンスタジアム神戸に3万人もの観客が押し寄せた。まだまだ神戸のまちは傷付いていたが、オリックスという存在に〝希望〟を見たのだ。そしてその年、オリックスは快進撃を展開した。名将仰木彬監督（当時）の指揮のもと、2位のロッテに12ゲームもの大差をつける形で、オリックス・ブルーウェーブとして初の、阪急ブレーブス時代から数えても11年ぶりのリーグ優勝を果たした。この優勝は、神戸に大きな力を与えた。

オリックスの選手たちも、僕の活動を応援してくれた。ユニフォームやグラブを寄贈してくれるだけでなく、チャリティーオークションによる収益金を救援物資の購入費として寄付してくれたのだ。

「がんばろうＫＯＢＥ」は、その年の新語・流行語大賞に選ばれた。授賞式には、仰木監督が出席した。そしてその数日後、仰木監督は授賞式で授与されたトロフィーを持って、「がんばろう!!神戸」を訪ねてくれた。そして僕らに、「〝がんばろうＫＯＢＥ〟には、みんなを一つにする力がある。本来であれば堀内さんが授賞式に行くべきだった。ですからこのトロフィーはみなさんのものだ」と言ってくれたのだ。

オリックスはいまもなお、〝がんばろうＫＯＢＥ〟の精神を大切にしてくれている。震災から15年、20年、25年といった節目に当たる年では、「がんばろうＫＯＢＥ」を掲げ、当時のユニフォームを着用して試合に臨んでいる。

いま〝がんばろう神戸〟のキャッチフレーズが、表立って使われることはほとんどない。しかし２０２０年、世界を新型コロナウイルス感染症が襲ったときには、百貨店の神戸阪急の壁面に「がんばろう神戸」の垂れ幕が掲げられた。「がんばろう神戸」の精神は、いまもなお神戸市民の中に刻まれているのである。

第二章　生き残った者たちの希望

松本敏之 撮影

震災は、神戸から多くのものを奪っていった。死者6434人、行方不明者3人、負傷者4万3792人。死者一人ひとりに、その死者を大事に思う家族や恋人、友人がいた。生き残った人たちについても、最大で23万人超もの市民が避難所での生活を余儀なくされ、転出も相次いだ。震災前に約152万人だった神戸市の人口は、震災により10万人も減った。第二章では、このような状況の中、僕たちがどういう活動を行ってきたのかを紹介するとともに、震災で大事な人を喪った悲しみを乗り越えるためのヒントや、生き残った私たちの希望について触れたい。

「災害ユートピア」を見た

「災害ユートピア」という言葉がある。これはアメリカの著作家、レベッカ・ソルニットが著した書物のタイトルだ。「災害」と「ユートピア」という一見相容れない二つの言葉を結び付けることに、違和感を持つ人も多いかもしれない。ソルニットは1989年に米カリフォルニア州で発生したロマ・プリータ地震以降、アメリカで起きた自然災害を取材し、「大規模な災害が起きた後、一時的に理想郷に近いコミュニティが発生する」ことを突き止めた。

ソルニットは、「大惨事を経験した直後は誰もが利他的になり、自身や身内のみならず隣人や見も知らぬ人々に対してさえ、まず思いやりを示す」と述べる。大災害が起こったとき、日本のメディアは「被災者がお互いを助け合う」「そんな姿を世界が賞賛」といったニュースを報じるが、別にそれは日本だけに見られるものではないのだ。

なお「災害ユートピア」は、決して長くは続かないとされている。災害当初、自分の身の危険を顧みずに勇敢な行動を取る「英雄期」は災害直後に限られ、その後は生き延びた人々が連帯のムードに包まれ、援助への希望を持つ「ハネムーン期」が来る。そしてそこから、仮設住宅での暮らしからくるストレスや行政への対応への失望などやり場のない怒りや不満が噴出する「幻滅期」が来て、生活の立て直しが進む一方で精神的なストレスを抱えた人も多い「再建期」を迎えることになるという。

この「災害ユートピア」という言葉を僕が知ったのは災害から随分経った後だったけれど、それよりずっと以前に、鎌倉時代の随筆家・鴨長明が「方丈記」の中で似たような文言を記していたことは知っていた。鴨長明は1185年に京都で起こった文治地震の後、「人はみなこの世のむなしさを口にするようになり、多少は心の濁りがとれ、ものが見えるようになったかと思われた。しかし時が経ってその印象が薄れてくると、また元の木阿弥になり、誰も地震のことなど口にしなくなってしまった」と書いていた。この言葉はずっと僕の中にあった。

がれきのうえを裸足で歩き、火の手が迫ってもギリギリまで誰かを救おうとする市民たち。日本火災学会によると、阪神淡路大震災に伴って発生した火災のうち、同会が調査した分ではその約8割で市民による消火活動が展開されたという。多くの市民は被災された方であるとともに、英雄でもあった。

その後のまちでも、みんな「がんばろう」「しんどいけど、がんばらなきゃね」とみんなが声を掛けあっていた。

思い返せば、1995年は年初から暗い幕開けだった。1980年代後半、日本は沸きに沸いていた。バブル景気だ。1989年には日経平均株価が当時の史上最高値を付け、市場は強気な姿勢を見せていた。しかし、バブルは突如崩壊した。株価はずるずると下がり続け、1995年時点でも一向に回復する気配を見せなかった。当時の僕は俳優業の傍ら調剤薬局を経営していたから、経済の動きにはそれなりに敏感だった。

日本全体がどんよりと暗い状態にある中で、「今年はどんな一年になるのだろう」と多くの人が思っていた矢先に起きたのが、阪神淡路大震災だった。そこで僕は、たとえ自分がどんなに苦しい状況にあったとしても、人は優しさと勇気を持つことができるのだと知った。震災はまごうことなき絶望だが、そこには確かな希望もあった。しばらくすると「元の木阿弥」に戻ってしまったけれど、そのときに感じた希望こそが、僕を動かした。

阪神淡路大震災は「ボランティア元年」と呼ばれるほど、多くのボランティアが集まった。災害発生から1か月の間に約62万人のボランティアが集結し、累計では200万人以上にのぼったとされている。これだけの数のボランティアが集まるとは思っていなかった神戸市は、ボランティアの対応にも追われた。行政から行き先を指示されないボランティアは、自らの足で被災地を歩き、何ができるのかを探した。

「そんなことくらいならできる」を集める

震災発災後ほどなく、市民ボランティア・ネットワーク「がんばろう!!神戸」を立ち上げた僕。ホットラインを立ち上げ、たくさんのニーズとシーズをつなげた。ボランティアもたくさん来てくれた。延べ人数では実に1000人を超えている。

これだけの人数になると、多様な人が存在する。事務局には、「がんばろう!!神戸は人種、政治、宗教、思想においていかなる差別もしません」との約束事を入り口に張り出し、「こちらから指示はしない、行動は自己責任で」とお願いした。

それでも1000人もの人数を、とても狭い事務局に置いておけるわけもない。そこで176か所の避難所に、数人ずつボランティアを送り込んだ。避難所で「『がんばろう!!神戸』から来ました」と言うと、被災された方たちも大抵は安心してくれた。そして、そこでボランティア自身が「この避難所ではこれが足りない」と思ったものを、事務局に連絡してもらい、お届けする仕組みを整えた。

ここで僕がボランティアに来てくれた人たちに対して心掛けていたのは「その人の負担になるようなことはしない」ことだった。数日、あるいは数週間で終わることなら、その場で持てる力のすべて、あるいはそれ以上を求めたっていいかもしれない。集まってくれたメンバーもきっと、僕が無茶ぶりしたとしても何とか応えようとしてくれただろう。

けれど、阪神淡路大震災で被災された方たちへの支援は、そんな短期で終わるはずがない。それは最初から目に見えていた。そうであるならば、すべてを出し切るような無理な活動は続かない。長期的な支援を行うためには、集まってくれたメンバーが自発的に「そんなことくらいならできます!」と手を挙げられる環境を整備することが重要だと思っていた。

僕自身、「そんなことくらいならできる」と思えることしかやっていない。被災された方のための物資を生み出すことも調達することも、僕にはできない。でも、人と人をつなげることならできる。メディアで支援を呼びかけることもできる。ラジオ局では自分で呼びかけ、テレビ局には知り合いの当時流行のワイドショーのディレクターに「ちょっと取材に来てほしい」とお願いすれば、大抵は来てくれた。

そのようなことを繰り返していくと、自分ができる「そんなことくらいならできる」も進化していく。僕も当初は「被災地のみなさんを救わなければ」という熱い思いでメディアに訴えかけていたが、被災地と被災地以外では、当然ながら熱量に違いがある。被災地以外に住む人たちに受け入れてもらうには、被災地の住民だけに伝わる言葉を話すのではなく、被災地以外に住む人たちが受け入れられる言葉で話さなければいけないのだと段々と気付いてきた。

そこで全国に発信するメディアに連絡する前には東京の知り合いにＦＡＸを送り、「この文言どう思う？」などと聞いてアドバイスをもらうようになった。そうすると、さらにメディアにも取り上げられるようになっていった。

このとき僕が思い出していたのは、子どものころにみんなで集まって遊んだ広場だった。別に誰も「広場に集まれ」というわけでもなければ、「これで遊べ」と強制するわけでもない。それでも学校から帰ってきた僕たちは揃ってランドセルを投げ捨て広場に集い、野球をしたりヒーローごっこをしたりと、思い思いに自分のやりたいことをやった。ときには怪我をすることもある。だからといって誰を責めることもない。

ボランティアだって同じだ。ボランティアをしたい人が集まり、自発的に行動する。そこで何があっても自己責任だ。あの日の広場のように、一人ひとりが自主性を持って活動できる、そんな場所を僕は作りたかった。

だから活動の中ではできる限り、「そんなことくらいならできる」と思えるような仕事を集めた。そうすると、思っていた以上に大抵のことは何とかなることがわかってきた。そして「がんばろう!!神戸」の活動が広がっていく中で、この「そんなことくらいなら」の思いを、ボランティアメンバーだけでなく避難所や仮設住宅に住む人たちにも広めていった。

たとえばある避難所では、「車いすの方が仮設住宅に当選したんですが、スロープがなくて車いすでは入れないんです」と相談があった。市役所の職員に伝えてはみるものの、どうしてもそこまでは手が回らない。どうすればいいか悩んでいたところ、避難所で生活している元大工のおじいちゃんが「スロープくらいなら簡単に作れるんだけど、腰が痛くて重いものは持てないし、材料もないからなぁ」とつぶやいた。僕が「それは素人でも作れますか」と聞くと「作れる」と言う。それなら話は簡単だ。人を集めればいい。

そう思って声をかけたところ、「スロープにできそうなコンパネ（コンクリートパネル、耐水性のある合板）なら用意できる」と言ってくれる人や、「教えてくれるなら作ってみる」と手を挙げるボランティアの若者が現れた。そして元大工のおじいちゃんに改めて「座っていていいから、作り方だけ教えてください」とお願いした。そして力を合わせて立派なスロープを作り上げた。さらには当初要望になかった手すりまで。車いすに乗っていた人も、「これで仮設住宅に入れます」と大いに喜んでくれた。

「行政を待たずに、自分たちで手を加えればいいんだ」と気付いてからは、雨が降ればじめじめとしてしまう仮設住宅の床を廃材でかさ上げするなど、より過ごしやすい環境づくりに注力した。僕たちが少年だったころ、決して日本は豊かではなかったけれど、だからこそ「あるものでつくりだそう」という精神は旺盛だった。まさにその発想だ。

この環境づくりも、一つひとつは「そんなことくらいならできる」の集まりだ。一人ひとりに、その人だけが培ってきた「そんなことくらいなら」がある。それは、高い学歴や華々しい経歴とはまったく無縁のものだ。多様な人の知恵を集めることで、大体のことはできてしまう。そういう意味では、避難所や仮設住宅は、一つの〝学びの場〟でもあった。

イキイキと過ごせる秘訣は〝必要とされる自分探し〟

そんな中で、僕自身にも学びがあった。僕たちが「これをやってくれませんか」とお願いした人たちは、たとえ最初は難色を示したとしても、段々とみんなイキイキとしてくるのだ。これはなぜだろうと考えてみた。僕たちが何かをお願いするということは、その人にとっては役割が与えられたということ。つまりは、「自分は必要とされている」と感じられたわけだ。

いつ終わるともしれない避難生活の中で、被災された方たちは常に心細さや不安と戦っている。そしてそのうちに、不満も出てくる。段々と、「あれも足りない」「これも足りない」「自分がこんなに苦しんでいるのに、行政は何もしてくれない」といった思いを募らせていくのだ。ソルニットの言う、「幻滅期」だ。

僕の感覚では、緊急支援が必要な時期は3か月ほどで、その後は〝生き延びる〟よりも〝よりよく生きる〟ことに重点が置かれていくようになっていった。するとやはり被災された方たちから、「支援が不十分だ」との声が聞こえてくるようになった。さらにもう一方では、別の被災された方たちから「ボランティアが何でもやってくれるから、かえって自立の妨げになる」といった声も聞こえてきた。

たとえばこんなことがあった。ボランティアの高校生が困った顔をして僕のところにやってきた。そして、「堀内さん、あのおばあさん、『あたしは普通の布団はいや、羽毛の布団を探して』と言うんです」と言った。その高校生を含むボランティアの若者たちは、何とかその要望に応えようと躍起になっていた。しかし僕はそれを止めた。その要望はいま必要な「ニーズ」ではなく、「布団なら綿よりも羽毛がいい」と自分のニーズをより良い形で満たそうとする「ウォンツ」だからだ。

ボランティア活動の原点は困りごと、つまりニーズを満たすことにある。避難所の場合、まずは「安心して眠れる環境を整えること」がそれに当たる。個人がより良い環境を志向するのはもっともな話だが、そこまでをボランティアがおぜん立てする必要はない。

自分たちができること（シーズ）から発想していくと、ウォンツへの変わり目が見えにくくなってしまう。「被災された方は単に支援を受け続けるだけだと、『支援を受けるのが当たり前』になってしまう」「ボランティアも気をつけなければ、自立の妨げをしてしまう」。この二つの事実に改めてぶち当たり、「これは変えていかなければならない」と思うようになっていった。

そこで僕は、直接支援から自立を手助けする活動へと、徐々に軸足を移していった。まずは、避難所で鬱屈した毎日を送っている人たちに対し、「仮設住宅が当選した人の引っ越しを手伝ってよ」とお願いしてみた。被災された方たちの反応は鈍かった。中には「堀内さん、俺も仮設住宅に移りたいのに、抽選に当たらへんから行かれへんねん。なんでそんな俺が、仮設住宅に当選した人たちの引っ越しを手伝わなあかんのや」と怒り出す人もいた。

僕はこう答えた。

「一緒に避難生活を送った仲間が当たったんだから、『よかったね！』と送り出す方があなたも気持ちがいいだろう。今回はたまたまその人が当たったけれど、次はあなたが当たるかもしれないよね。そんなときに同じように誰かが『よかったね』と言って手伝ってくれたら、それは嬉しいよね」

そんなことを言うと、みんな渋々ながら納得し、何とか手伝ってくれることになった。こうして、僕が支援した避難所では、「被災された方々による引っ越しボランティア」が始まった。避難生活を送っているような方の中には、ご高齢の方も多い。引っ越し作業を手伝ってくれることでかなりの負担を軽減できたと思う。そして何よりみんな、「ありがとう、ありがとう」と心からの感謝を口にしてくれた。

引っ越しボランティア側にも変化があった。避難所では、毎日弁当が支給されていた。しかし数カ月も経つと、「毎日同じような弁当でもう飽きた」などと文句を言う人も出始めた。それが引っ越しボランティアの後には、「身体を動かした後の弁当はうまいな！」と言うのだ。

　加えて、日本財団と話をつけて、引っ越し作業を手伝ってくれた人には1日3000円の日当を出すことにした。避難所でぼーっとしていてもお金は入ってこないが、誰かの引っ越しを手伝えばお金が入ってくる。自分が必要とされ、十分とは言えないかもしれないがお金まで稼げることに、心が慰められる人もいた。

　少し状況が落ち着いてくると、修学旅行で神戸にやってくる児童や生徒に、仮設住宅を訪問してもらう試みも始めた。これも僕がアイデアを出し、僕自身が修学旅行をあっせんしている旅行会社に自ら売り込んだものだ。

　たとえば神戸市北区の「しあわせの村」という場所には、632戸の仮設住宅が設置されていた。そこに修学旅行生に訪ねてきてもらい、仮設住宅に暮らすおじいちゃんやおばあちゃんと交流する。児童や生徒にとっては「あの日、あのとき、何が起きたか」を目の前で語ってもらえる貴重な経験になった。

　また学校からは参加費を払ってもらい、そこで得た利益を仮設住宅に住むおじいちゃんやおばあちゃんに還元した。話を聞いてくれるだけでなくお金ももらえる。自分が必要とされている。おじいちゃんやおばあちゃんにとっても嬉しい話だった。僕が「今回も頼むよ」と言うと、「わかったよ、〝被災者〟をやればいいんだね」と笑うおばあちゃんもいた。

この試みは仮設住宅がなくなるまで続けられ、民間企業や兵庫県、神戸市の職員・教員の研修の場としても活用された。

仮設住宅で勝手に自治会をつくる

避難所で生活している人の多くは、仮設住宅に移ることを心待ちにしていた。その一方で、避難所で暮らす人たちの間には確かな絆も生まれていた。それが仮設住宅ではまた「はじめまして」から始まる。そんな環境に心細さを覚える人もいた。

また仮設住宅が建てられた土地は、決して住宅用地として適している場所ばかりではなかった。公園のうえに急いで建てられたため、雨が降れば地面がすぐにぬかるんでなかなか乾かず、仮設住宅の畳まで湿ってしまうケースもあった。

やはり仮設住宅でもコミュニティが必要だとの思いから、僕は「たまたま同じ仮設に住んだのだから、一緒にがんばってみようじゃないか」と〝自治会〟をつくろうと呼びかけを始めた。

ただしボランティアから「自治会をつくりましょう！」と言われることで、気分を害する人もいる。立場を自分に置き換えて考えても、まったく見知らぬ人が知った顔をしてプライベートなところにまで踏み込まれることに、違和感を覚えるかもしれないとも考えた。それがたとえまったくの善意からであることがわかっていたとしても、だ。

そのとき考えたのが、町内会や消防団、老人クラブや少年スポーツクラブといった地域のコミュニティがなぜうまく活動しているのかということ。それを考えると、やはり奉仕活動をする人自身が活動の対象に属していることが鍵なのだろうとの結論に至った。

そこで僕は、いろんな住民に手当たり次第に声をかけるのではなく、まず鍵となる人たちを見つけ声をかけてじっくりと話し合い、その人たちを軸として役所からもらったマニュアルを読みながらああでもないこうでもないと「自治会づくり」を進めていった。このとき中心となってくれたのは恒常的に仮設住宅にいるご高齢の方や幼い子供を抱えた若い母親らだった。

仮設住宅にやってきた当初、多くのご高齢の方の皆さんは疲れや失望の中にいた。突然愛するまち、家を失い、しかし誰かの責任にして責めることもできない。そんな無念の中、まったく見知らぬ人たちが集うコミュニティに放り込まれる。このまちで生きてきた年月が長い分、愛情が深い分、その落ち込みが深くなることは当然だ。

しかしそんな人たちも、自治会づくりを進める中で、どんどんと本来の元気を取り戻していった。そして経験と経歴と人柄、つまりこれまでの人生を総動員して、それぞれの自治会をつくりあげていった。最初この動きを否定的に見ていた行政の役人も、僕たちがつくりあげた自治会を見て、「これは完璧な自治会運営です」と太鼓判を押してくれた。

自治会づくりに参加する筆者

震災が起こって全国から駆けつけたボランティアは、被災された方を支援すると同時に、確かに「自分が必要とされている」実感を得た。ここでは被災された方自身が「自分が属する社会に必要とされている」ことを感じられるようになったのだ。

この動きを産経新聞の記者が大きく扱ってくれたことで、その記事を持ってほかの仮設住宅に回り、新たな自治会づくりにも尽力した。

また僕たちは、長寿社会文化協会（ＷＡＣ）より委託を受け、「コレクティブハウス」の実現に向けた取り組みも進めた。コレクティブハウスとは、独立した部屋とみんなで使う共用スペースを備えた住まいを指す。働く女性が増加したスウェーデンにおいて、「女性の家事労働からの解放、生活の合理化」をテーマに生まれたひとつの家の形だ。普通のマンションよりは必然的に顔を合わせる頻度が高いものの、一つの部屋をシェアするよりはプライバシーが守られる。

コレクティブハウスの発想が生まれた背景としては、震災を機に「やっぱり人とのコミュニケーションって大事だよね」と考えるようになった人が出てきたことと、高齢化への対応があった。仮設住宅への入居は抽選だが、どうしてもご高齢の方や障がいを持った方が優先される。結果、初期に建てられた仮設住宅にはご高齢の方や障がいを持った方が非常に多いという状態になっていた。ごく初期の仮設住宅では、実に入居者の約６割以上をご高齢の方が占めるという調査もあった。

当たり前の話だが、いま歳を重ねている方たちも昔は若かった。戦争を乗り越え、激動の時代を生き、いまの日本をつくってきたのだ。そんな方たちが震災で家から放り出され、「すべて自己責任」の言葉とともに、人生の最後に一人きりで生きていかなければならない状態。それはとても寂しいことだと僕は感じた。

しかし震災では、赤の他人であっても実の家族のように助け合う姿を見た。避難所の生活の中で、ときに言い争いもあるけれど連帯感を持って暮らしている姿を見た。「家族」そのものが崩壊しつつある中で、そこにはあたかも〝にせ家族〟とでも呼ぶべき絆が生まれていた。その姿に、僕は一つの可能性を見た。

また先ほども少し触れたが、仮設住宅で住民同士の交流が進む中で、「仮設住宅を離れるとなると、また見知らぬ人たちと新たなコミュニティ形成に苦労しなければならないのはしんどい」「将来移り住むときにはせめてここで知り合った人たちと近所で暮らしたい」などの声も聞こえるようになってきた。そこで、改めて「にせ家族」の構想を思い描いたわけだ。

そうして自治体も巻き込んで検討会が開かれた末に、県内では災害復興公営住宅として10か所のコレクティブハウスが建てられることになった。コレクティブハウスに入居できたご高齢の方は、「もうこれで一人きりじゃない」という思いを得ることができた。入居者の見守りやコミュニティづくりのため、ほとんどの住宅に生活援助員（ＬＳＡ）が配置されていることも、被災された方の大きな安心感になっただろう。

おばあちゃんの造花づくりから始まった「ｍｉｋ」

僕はことあるごとに、避難所で生活している人たちに対して「できることは自分たちでやろう。自分たちの生活なんだから。どうしてもできないことだけ行政に頼ろう」と言って回った。

そもそも本来、この国のすべてのものは〝僕ら自身のもの〟だ。道路も、河川も、建物も、決して〝行政のもの〟ではない。行政とはあくまで、それらを管理する機関にすぎない。そんな気持ちが、市民の中にすっかり薄れてしまっていることも、現代社会の大きな問題だと思っている。

たとえば川遊びに行ったとき、川が汚れていたとする。「川は行政のものだ」と思っている人は役所に電話をして「何とかしろ」と文句をつけ、時間が経っても変わらなければ「まだ綺麗にならない」と怒りを覚えるだろう。一方で「自分たちの川なんだから、自分たちで綺麗にしよう」と思えば、率先して掃除を始めるだろう。そういう考えが根底にあれば、市民同士の助け合いはきっとうまくいくはずだ。さらに、行政との連携もうまくいくに違いない。

ただそうは言ってもそんな思いが簡単に広まるわけもなく、避難所で手持ち無沙汰な生活を送っている人も多かった。そんな中で僕が始めたのが、「ｍｉｋ（made in kobe）」の取り組みだ。

避難所や仮設住宅には、さまざまな救援物資が届けられていた。中には使いきれないものもある。数か月もすると、使われていない布団が放置されている状態になっていた。当時の布団カバーは、花柄だったり赤色だったりといった派手なものも多かった。そんな中である日、神戸市北区の鈴蘭公園仮設住宅に住むおばあちゃんたちが、その布団の表地を切って縫い合わせ、針金を茎にして花をつくり、「いつもお世話になっているから」と僕のところに届けてくれた。

中には布団の綿が詰められており、心温まる出来栄えだった。でも僕が「すごいね」と褒めると、おばあちゃんたちは「これくらいすぐに作れるよ」と口を揃えて言った。

僕はひらめいた。「この花を売ればいいいんだ」。

そこですぐに三宮の手芸店に行ってかわいらしい布地と手芸用の綿と茎を買って避難所に戻り、「花束を作る材料を持ってきたから、これで綺麗な花束をつくってほしい」と頼んだ。おばあちゃんは「そんなことくらいなら」と快く引き受けてくれた。ひと針ひと針心を込めて縫ったその花に、「ステッチフラワー」と名付けた。

そして全国紙の記者を呼んで、「避難所に住むおばあちゃんたちがつくったステッチフラワーを売り出したい。それを新聞に載せてほしい」と頼み込んだ。もちろん、取り上げられた。それも一面カラーでだ。新聞の影響は大きく、それなりの反響があった。おばあちゃんたちがつくった花で形づくられたブーケを結婚式や卒業記念、開店祝いに使う人も現れた。1本60円で販売した花は、月に1万本の売り上げを誇るまでになった。

おばあちゃんたちはずっと「こんなものが売れるなんて」といった態度を崩さなかったが、自分たちの仕事が評価されることにはやりがいを覚えていたようだった。おばあちゃんたちには、1人あたり月3000円の内職費を支払った。この活動を「mik」と呼び、造花以外にも、被災体験を通して出会った人々が協力してモノづくりを企画し、「がんばろう!!神戸」が拠点としていた事務所を改装したお店「mikSPACE・V」で販売するようになった。

話はさらに広がる。パソナの南部靖之会長から直々に連絡が来て、彼が出資する商業施設「神戸ハーバーサーカス」でも出店することが決まったのだ。南部氏自身、神戸の出身ということもあり、阪神淡路大震災への思いは深かった。当時ちょうど彼はベンチャー界の寵児としてもてはやされ始めていたころで、震災のときにはアメリカにいたが、故郷の大災害にいても立ってもいられず、すぐさま帰国。「経済人として何ができるか」を考えた結果、JR神戸駅にほど近いハーバーランドの商業施設を買収することを決めたのだ。

1990年代前半、神戸市は工場施設が立ち並んでいた同地区の再開発を行い、その一環として百貨店の「神戸西武」を誘致した。しかし現地に来られたことがある人ならわかると思うが、いかんせん立地が悪い。たとえば横浜の桜木町駅であれば、駅を降りてすぐにみなとまちの風情が楽しめる。

ところが神戸駅から降りても、目の前にあるのは阪神高速3号神戸線に国道2号線。なんの情緒もない。距離で言えば海まで非常に近いのに、道路とビルにふさがれて肝心の海がまったく見えない。また神戸西武にたどり着くためには、駅から少し歩かなくてはいけない。結局集客力の弱さから、神戸西武は1994年に早くも撤退と相成った。

南部氏は、その空きビルとなった場所に「神戸ハーバーサーカス」を開いた。震災で雇用を失った人たちのために、なんとかして雇用を生み出したいとの決意の表れだった。また経済人にとっては、荒廃したまちをいかに立ち直らせていくかという挑戦は、壮大な社会実験の場でもあっただろう。

パソナは新本社ビルをつくるために確保していた人手と予算を、すべて神戸ハーバーサーカスに振り向け、1996年4月の開業にこぎつけた。

ハーバーサーカス内には被災された方に笑いを届けるため吉本興業の劇場を設置したり、店内に電車を走らせたりと、ユニークなアイデアを展開した。そしてその中に、震災で被災した商売人に対して一坪の土地を貸し出す「一坪ショップ」を作った。南部さんは僕に、「場所を提供するから、震災からの復興という観点でシンボリックなものを出店してほしい」と持ち掛けてくれて、「mikSPACE・V」の支店を展開することになった。

僕としては、本当は被災された方たちがつくったものをインターネットでも売りたかった。ちょうどパソナは当時「パソナコンじゅく」という名のパソコン教室を立ち上げていて、僕も「これからはパソコンの時代だ」と確信していた。パソナのスタッフにページをつくってもらい、自宅から買うことができる環境を整えればもっと売れる。そう思ったがまだ時代が追いついておらず、実現はしなかった。

ハーバーサーカスでの売り上げは当初まずまずといったところだったが、やはり地の利の悪さが影響し、ハーバーサーカス全体で客足が徐々に減少。2004年の撤退とともに、mikの名を冠した商品を販売するショップもなくなった。

見守りに葬儀、ボランティア活動の広がり

こんな風に、「がんばろう!!神戸」は一つのボランティア団体だったけれど、活動に制限をかけるわけではなく、一人ひとりの「こんなことくらいならできる」をベースに、さまざまな取り組みを進めていった。僕がいろいろなアイデアを出すと、ボランティアに来てくれた人も「そんなことならやりたい」と言い出す。「じゃあやってごらんよ」と僕が背中を押す。そんな好循環が生まれていた。

人によって、「私は子どもにかかわりたい」「私は高齢者と接するのが得意」など、いろいろな思いや得意分野がある。そこで「がんばろう!!神戸」の中でも、自分が得意な分野に参加してもらうようにした。そこで生まれたグループがカバーする領域は「福祉」「国際交流」「環境」「青少年」「全般」「イベント」「スポーツ」「文化芸術」と、かなり多岐にわたった。買い物介助や出張理容、喫茶の設置や演芸団の組成まで、僕たちにできないことはないいんじゃないかと思うくらい、その活動の幅は広がっていった。

たとえば「福祉」では、高齢者の支援を中心として活動するグループから「仮設住宅で孤独死してしまう高齢者がいる。誰にも見送られないのは悲しい」といった意見が出てきた。せっ

かく地震では助かったのに、仮設住宅でひっそりと亡くなってしまうケースは決して少なくなかった。ある推計によると、延べにして1000人を超えているとも言われている。

中には天寿をまっとうされたケースもあるだろうが、震災が彼らの住処やコミュニティを奪い、生きる気力を奪ってしまったゆえに死期が早まったケースも多い。社会福祉の専門家である中辻直行くん、医師の梁勝行先生、看護師の黒田裕子さんが立ち上げた「阪神高齢者・障害者支援ネットワーク」や「大慈園」の松井年孝くん、精神科医の高谷育男先生なども見守り活動に注力してくれたが、それでも誰にも知られずに喪われてしまういのちがあった。

そこで僕たちとしては、山田和尚さん率いるボランティア団体「神戸元気村」と協力して、シルバーホンを仮設住宅に住むご高齢の方に配った。これはボタン一つで緊急通報ができるもので、緊急連絡先が3か所登録できたため、「がんばろう‼神戸」と神戸元気村の番号を登録し、「何かあったらすぐに押してね」と告げた。

またそれでも喪われてしまった命に対しては、「葬儀ボランティア」を立ち上げた。交流のあった葬儀会社や牧師、僧侶たちに相談すると、みんな駆けつけてくれて、仮設で簡単な葬儀を執り行うことができた。

ほかには住民同士が助け合うことを目的とした「市民支援基金」も立ち上げた。避難所や仮設住宅に残るのは、お金がない人も多い。そこで志に共鳴してくれたみんなに負担のない程度でお金を出し合ってもらい、誰かに何かがあったとき、そのお金を拠出する仕組みを整えることができれば、住民にとって大きな安心感につながるだろうと考えたのだ。

この発想は、まったく新しいものではない。日本には鎌倉時代から「頼母子（たのもし）」「無尽(むじん)」などと呼ばれる民間の互助組織が各地にあった。これはメンバーがお金を出し合って資金を積み立て、くじや入札を行ってそのお金を払い出す仕組みで、拠出したお金がメンバー全員にいきわたったら解散となるものだ。立場の弱い人たちは、立場の弱い人たち同士で助け合って生きてきたのが日本という国だ。

ただ僕の信条の一つに、「ペイフォワード（Pay it forward）」という思いがある。これは、受けた恩をその恩を与えてくれた人に返すのではなく、また新たな誰かに恩を与えるという考え方だ。身近なグループの中だけで完結させてしまうと、確かにその中では感謝が循環するかもしれないが、支援を受けたときに感じた感謝や「次は私が恩返しをする番」といった尊い思いが外に広がっていかない。一方でペイフォワードの考え方をみんなが持てば、感謝の輪は外へ外へと広がっていく。

そこで基金でも、マスコミなどを通じて支援を呼びかけ、基金に拠出したかにかかわらず困っている人が使えるようにした。ただ僕にとっても意外だったのだが、最初にこの基金を活用したのは被災された方ではなかった。

ある日、神戸市の北区役所の職員から電話がかかってきて、「堀内さんが呼びかけている基金の対象者となるのは、震災で被災された方だけでしょうか」と言ってきた。僕が「そんなことはない」と続けると、職員は「実は北区に火災で焼け出されてしまった親子がいます。区役所としては、数万円の見舞金を差し上げることくらいしかできません。何とかしてあげたいと思うのですが、役所の立場ではどうしようもないのです。何とかならないでしょうか」と矢継ぎ早に話した。父親はタクシー運転手だったがちょうど仕事を辞めたところで、生活にも不安を抱えたところでの追い打ちの火災だった。

そこで僕は、その基金から数十万円を拠出することにした。被災された方用の家電製品、衣類、寝具、食器を用意した。そして、「これは返さなくていいよ。また自分が稼げるようになったら寄付してくれればいい」と伝えた。ついでに僕が立ち上げた異業種交流会に参加していたタクシー会社の社長さんに相談したところ、とんとん拍子に再就職も決まった。その会社には社宅もあり、なんとかその親子は生活を立て直すことができた。

このプロジェクト自体は、全部で数百万円ほどを集め、そのすべてを生活がままならない人たちに拠出して終わりを迎えた。その経験で、僕は「グレーな世界にいる人たちへの支援の重要性」を強く考えるようになった。

社会には、白の世界と黒の世界がある。白の世界は裕福で、行政による支援などまったく必要としない人たちの世界。一方、黒の世界は、とても自分だけの力では生活できない人たちの世界だ。だがこの世界には、生活保護などの行政からの助けがある。そう考えると、僕たちのようなボランティア団体が手を差し伸べるべきは、到底白ではないけれど真っ黒とも呼べない、行政が介入することが難しいような黒寄りのグレーの世界に生きる人たちなのだとの意を強くした。

その観点から見ても、仮設住宅には〝手を差し伸べるべき人〟が多かった。そもそも家を失ったすべての被災された方が仮設住宅で生活するわけではない。仮設住宅に入る人と入らない人の決定的な差はお金の有無にある。お金がある人は、さっさと別の住宅を買うなり借りるなりして新しい家に移った。仮設住宅で暮らす人というのは、その選択肢が取れない人がほとんどだ。

生活に不安を抱えているけれども、誰からもサポートしてもらえない。そんな人たちをどうサポートしていけばいいのか。そんなことを、強く考えるようになった。

綺麗ごとでは済まない震災の現場

震災が起こるとよく、「整然と炊き出しの列に並ぶ日本人」「助け合って生きていく被災者たち」の姿がメディアによって映し出される。これらの姿も確かに日本人の一つの姿だ。だが、実際はそんな綺麗ごとばかりではなかった。全国から支援物資が届くのをいいことに、1DKの仮設住宅にテレビを3台置いている人もいたし、支援品のラジオを売りさばいていた人もいた。タバコやお酒も大量に届いたが、一部の人たちがすぐに持って行った。支援を当たり前だと認識し、いつも支援が足りない足りないとぼやいている人もいた。火事場泥棒や、被災された方の心の痛みに便乗したような詐欺もあった。

大手のメディアはなかなか報じることはできないが、震災が起きたとき、真っ先に大規模な支援に当たったのは指定暴力団の山口組だ。全国の直系組長から支援金を募り、支援物資の配布や炊き出しを行った。避難所に関しても、山口組の周辺の避難所はかえって「治安がいい」と言われていた。

もちろん、それをもって「暴力団は任侠の世界で生きている」と手放しで褒めるつもりはない。震災に便乗して詐欺行為やタカリ行為などを行い、警察に検挙された組員もいる。「そうやって暴力団のイメージを上げてからうまい汁をすすろうとしている」との指摘もある。だが事実として、発災直後に行政からの支援がまだ届かぬ中、「山口組に助けられた」と話す人も決して少なくはない。東日本大震災や能登半島地震でも、彼らはいち早く支援に向かっている。

「がんばろう!!神戸」にも、元ヤクザの男が「何か手伝えることはないか」とやってきた。何本か指がない男だった。彼が僕のところに来たとき、一瞬は僕も逡巡したが、彼の「被災された方のためにできることをしたい」との言葉を信じた。

彼は僕がどこに行くにも後をついてきて、精一杯努力していた。少なくとも僕の目にはそう映った。彼自身が大柄で迫力があることもあり、避難所を仕切るのがうまく、彼が支援に入った避難所は比較的うまく回っていた。「『がんばろう!!神戸』にはヤクザがいるぞ」と批判されたこともあったが、被災された方たちからも、ボランティアからも頼りにされる存在だった。

ただ彼はある日、配給の列に並ばない人を殴り、ケガをさせてしまったことで逮捕されてしまった。僕は彼の努力をずっと見ていたからこそ、「捕まったからハイサヨナラ」というわけにはいかなかった。警察に面会に行き、弁護士を付けた。避難所にいる人も、署名を集めて嘆願書をつくってくれた。弁護士からは「署名を集めたところで意味はないよ」と言われたが、それをわざわざ署名してくれた人たちに言うのは野暮というもの。それに、彼にとっても「被災された方たちが自分のために署名を集めてくれた事実」は希望になっただろう。

事実、釈放された彼はまた「がんばろう!!神戸」にやってきた。実のところ、もうボランティア活動には参加しないだろうと思っていたので少なからず驚いた。そして彼は、「おやじ、俺は感動しました。親父のためにこれから頑張ります！」と言った。その言葉通り、彼は僕が何か指示を出すと「わかりました！　すぐにやってきます！」と事務所を飛び出し、戻ってくると「ちゃんとおやじの思いは届けてきましたんで」などと口にした。

僕の頭の中に、「生きがいを失った元ヤクザが震災をきっかけに更生する」という都合のいいストーリーを思い描いていたことは否定しない。

ただそれも、甘い考えだった。後述するが、僕は震災から数年後、震災遺構の所在地を記した「震災モニュメントマップ」を作成した。相当な数のマップを刷り、商店街などの個人商店に配布した。その作業も彼が率先してくれた。

ところがある日、僕が商店街に行くと、店主から「堀内さん！　マップ、買わせてもらいましたよ」と声をかけられた。僕は一瞬、言葉の意味がわからなかった。買わせてもらうってなんのことだ？　マップはタダで配っているのに？　それを店主に告げると、今度は店主が驚いた。「えぇっ、あの人、『おやじの活動のためだから宜しくお願いします。1000円で結構ですよ』と言っていましたよ」と言うのだ。もちろん僕には初耳だ。

そんな不正がいくつか露見し、彼は「がんばろう!!神戸」を去っていった。とくに反省の弁を述べるわけでもなかったが、「それでも、おやじのことが好きなことだけは本当です」とだけは言っていた。

人には多面性がある。震災が起きて「被災された方の力になりたい」と思ったのも、「僕のためにもがんばろう」と思ってくれたことも事実だろう。実際彼を頼りにする被災された方たちもいたし、ほかのボランティアに対してご飯を奢っていることも知っていた。しかし、「これはお金をぼったくれるぞ」と考え、実行したのも同じ人間だ。

とかく「ボランティア活動をする人間は素晴らしい人格の持ち主だ」という風潮があるが、僕に言わせてもらうと決してそんなことはない。もちろんボランティアの志に限って言えば素晴らしいのだが、みんな普通の人間だ。素晴らしいところも、駄目なところも抱えた普通の人間なのだ。

「がんばろう!!神戸」で言えば、ほかにこんなこともあった。スタッフの中に、非常に頭の切れる男性がいた。わざわざ東京からやってきたその男は非常にきっちりしていて、僕も頼りにしていた。それがある日、突然ぱたんと来なくなった。それも、同じくボランティア活動をしていた既婚者の女性と一緒に。駆け落ちだった。女性の旦那さんが「がんばろう!!神戸」に殴りこんできたことでその事実が発覚した。

こちらももちろん、不倫を美化するものではない。ヤクザに不倫といったテーマをここで挙げることに、気分を害する人もきっといるだろう。ただ僕が言いたいのは、ボランティアは決して善良な市民だけが実践するものではないということだ。

マスコミはすぐに、避難所にいる人間を「支援すべき善良な弱者」像に当てはめ、ボランティアの人間についても「善意のかたまり」であるかのように扱う。だがそこにいるのはただの人間。ボランティア活動が人の心を救ったというような心を打つ美談もあれば、トラブルやいさかいといった、どうしようもない話も生まれてくるのである。

「震災モニュメント」のマップをつくる

日常生活を送る中で、ときどき道路のそばなどにお花やお菓子が供えられているのを見ることがあるだろう。たとえそこに何の説明がなかったとしても、「あぁ、ここで誰かのいのちが喪われたのだな」と一目でわかる。お菓子やおもちゃが置いてあれば、それが小さな子どもであったのだろうなどと推測できる。

阪神淡路大震災の被災地でも、震災直後はあちこちのいのちが喪われた現場に、死者を悼む簡素な慰霊碑が立っていたり、花やお菓子などが供えられていたりした。中には、「誰誰が眠る」と故人の名前がしっかりと掲げられたものもあった。

朝日新聞のカメラマンであった松本敏之さんは、僕にいくつもの慰霊碑の写真を送ってくれた。それを見た僕は、「確かに誰かが生きていた証がここにある」と感じていた。しかし復興が進むとともに、そのような「誰かがここで生きてきた証」はどんどん取り払われていった。「まちが再生していくプロセスなのだから仕方がない」との思いと同様に、生きた証が見えなくなっていくことに対しては何とも言えない思いを抱いていた。

これまで僕は、生き残った人が生きていくための支援に注力してきた。ただ、まちが綺麗になっていくにつれて、「果たして僕は、大切な家族を亡くした人の〝心の奥底〟までしっかりと見つめることができていたのだろうか」と考えるようになっていた。

そのような思いを抱えていたある日、三宮の中心部で開かれていたアマチュアカメラマンの個展がたまたま目に入った。そこに映されていたのは、数々の慰霊碑だった。その写真を見た僕は、長田区の火事で死んだ子どものことが強く思い出された。

写真の中に、「誰かが生きた証」が残されている――。

そう思った僕は、すぐにそのカメラマン・徳永竜二郎さんの元に行き、話を聞いた。自身も被災した徳永さんは1998年、ある公園で「命　平和とやすらぎの中で忘れられないように」と書かれている石碑にたまたま出会った。それは学校の避難所に入れず、公園で避難生活を送っていた市民たちが「犠牲者を追悼するだけでなく、私たち生き残った者の心のよりどころにしたい」と建てた碑だった。

それはたまたまの出会いだったが、震災から3年、すでに震災の記憶が薄れつつあることを感じていた徳永さんは、「このままでは震災の記憶が薄れてしまう」との危惧を抱いた。そこで自らマスコミや市役所、警察などを訪ねて慰霊碑の場所を聞き、撮りためた写真で写真展を開いたという流れだった。

徳永さんの思いは非常によく理解できた。しかし、写真展が終わってしまえばまた慰霊碑の存在は忘れ去られてしまう。そこで、「慰霊碑の場所がわかるようなマップをつくったらどうか」と思いついた。

愛する家族の墓は「個人の死」、「プライベートな死」としての位置づけにある。一方、パブリックな空間に建つモニュメントは「みんなの死」として慰霊や追悼、そして、生きている者たちに向けてのメッセージが刻まれている。被災地に建てられたモニュメントは、自分たちの経験を、後世に語り継ぐ意志を表明するものでもある。あの日あの時の体験を風化させないために、365日どこかで震災が語られるためのツールとしてのマップが重要だと僕は考えた。

そのような思いを周囲に話していたところ、毎日新聞の記者・中尾卓英さんが「慰霊碑の存在感はすごい。生きている者に語りかけるものがある」と、僕の想いに深く賛同してくれた。そこには「慰霊碑をたどるとご遺族に出会える。そうしたら取材ができるかもしれない」という打算も少しはあっただろうけれど。

そこで僕は、中尾さんに慰霊碑の所在地を調べてもらうよう頼んだ。餅は餅屋。取材するなら記者だ。僕の思いつきから始まったマップ制作だったが、知り合いに「ぼくたちの力はあまりにも微力です。今後ともご協力をよろしくお願いします」と呼びかけたところ、多くの賛同者が集まってくれ、「震災モニュメントマップ作成委員会」が設立されるに至った。メンバーは僕や中尾くん、神戸市の職員に加え、元国土事務次官の下河辺淳さん、作家の陳舜臣さん、JR西日本の広報室長、神戸新聞社の社会部長など錚々たる顔ぶれが集まった。

毎日新聞の立場としては、「自社だけで進める」選択肢もあった。マスコミというのはとかく「特ダネ」を愛する組織であり、自社だけで抱え込めば「自社だけのスクープ」になった。しかし、毎日新聞はそれをしなかった。震災をテーマにして自分たちだけがネタを抱え込むことは、社会のためにはならないと判断したからだ。そうして神戸新聞やサンテレビ、ラジオ関西といった報道機関もプロジェクトに参加してくれた。

慰霊碑には、その慰霊碑をつくった人たちの思いが強く込められている。たとえば園児6人が犠牲になった芦屋市の精道保育所（当時）に保母と保護者によって建てられた慰霊碑「祈」には、こう記されている。

「こわかったたね
いたかったたね
さむかったたね
もうだいじょうぶだよ
あなたたちのえがお
あなたたちのわらいごえ
いつまでも
いつまでも」

明石市を「第二の故郷」とまで言っていたプロレスラー、ジャイアント馬場さんが主導して同市の明石公園に建てられた慰霊碑には、詩人、安水稔和さんの「これは」という詩が刻まれている。

「これは　いつかあったこと
これは　いつかあること
だから　よく記憶すること
だから　繰り返し記憶すること
このさき
わたしたちが生きのびるために」

すべての震災モニュメントを紹介したいくらいだが、それはマップに譲るとしよう。震災モニュメントを建てた人たちは家族を亡くしたご遺族、避難生活を送っていた被災された方、まちが大きなダメージを受けた地域住民など、多岐にわたる。でもそこにはすべて、失われたいのちに対する追悼と、これからを生きていく人たちの決意が込められている。

さて、そんなこんなでたくさんの人の力と知恵を借りた震災モニュメントマップは、55か所の震災モニュメントを掲載し、1999年1月に完成した。毎日新聞が自社工場で10万部刷ってくれ、1月17日の慰霊式典で、会場に設置した特設テントにおいて来場者に配布した。納品はわずかその4日前というギリギリのスケジュールだった。

ボランティア団体の代表と新聞社の記者が、県や市、民間企業を巻き込んでプロジェクトをつくる。これはなかなかないことかもしれない。ただ行政としては、「ぜひやるべきだ」という思いもあっただろうが、下河辺淳さんが参加していたことも大きかったのではないかと思う。

一定の年齢以上で、下河辺さんを知らない人は少ないはずだ。「日本の国土計画にこの人あり」と言われた要人であり、田中角栄が提唱した日本列島改造論にも影響を与えたと言われている。戦後の日本の都市計画を主導してきた〝すごい人〟だ。

下河辺さんは震災1か月後に立ち上げられた「阪神・淡路復興委員会」の委員長の座に就いた。ただそもそも僕は、率直に言ってしまえば、下河辺淳という人間が好きではなかった。下河辺さんは、日本全土の国土開発を一律で推し進めた。結果として個性豊かだった日本のまちは多様性を失い、金太郎飴のようにどこを訪れても似たような表情しか見せないものになってしまった。

兵庫県や神戸市は震災後、さかんに〝創造的復興〟の言葉を使った。要は、災害が起こる前よりもいろいろな側面でより強靭なまちづくりを進めていこうとするものだ。下河辺さん自身は阪神・淡路復興委員会でも新産業の育成や上海との交易促進など、さまざまなアイデアを出したそうだ。ただ、その計画の多くはうまくいかなかった。結果として神戸は震災後、成長することができず、存在感を示せない都市になってしまった。そのような復興を主導したのが下河辺さんなのだと、ますます僕は〝反下河辺〟に傾いていった。

そんなある日、僕は下河辺さんを紹介された。そのとき、僕はこう言った。「全国を同じまちなみにしたのは下河辺さん、あなたですよね。神戸も金太郎飴の一部に飲み込むつもりですか」。そんな僕の発言に、「堀内くんは、やりちらかして逃げないのかい?」と言った。僕たちの応酬に周囲は凍り付いた。だが下河辺さんだけは、僕が言いたいことを受け止めてくれた。そして下河辺さんは、「多くのいのちが喪われた神戸だからこそ、森のように循環する、そんなまちをつくっていきたい」と言った。僕は「いまごろそのことに気付いたんですか」と苦笑しながら伝えた。

そこで僕たちの距離は一気に近づき、震災モニュメントマップをともにつくるに至った。下河辺さんは、「今後堀内くんがやりたいと思ったことには、みんな僕の名前を使えばいい」とまで言ってくれた。そんな人がメンバーにいるのだから、県も市も無視するわけにはとてもいかなかったろう。

下河辺さんは、このように語った。

「震災から4年が経った。東京（国・政府）では『いかなる地域で災害が起きても5年間は国の仕事。しかし、5年が過ぎれば市民のみなさんが通常の生活に戻ることが当たり前になる』と言っている。災害という異常事態から当たり前の生活に戻れる条件を整えることがこの1年の仕事と思いつつ、この4年間の総括をお手伝いしていた時に震災モニュメントマップの話を聞いて感動した。これは5年目にすべき最大のテーマだと思って参加した。

モニュメントが建てられたときは『不幸にして震災で亡くなった方のご冥福を祈る』ということが出発点だった。しかし今は『生き残った私たち』という視点ができた。やがていつか震災を経験した人がゼロになる『完全に震災が終わる』時代がやってくる。英国には『息子を戦死させた母親が亡くなった時世界大戦は終わる』という有名な話がある。日本では、この『1・17』が、市民に永遠に記憶され、市民の中で語り継がれるためにこのモニュメントが、歴史をつなぐ役割を果たすだろう。

暮らしの場にお地蔵さんが一つ建っているだけで心の支えになるように、モニュメントが『神戸のお地蔵さん』として、神戸の町が続く限り人々の話題になって、時間が経ち地震も知らなければ地震の痛みの経験もない神戸の市民にとって、とても意味のあるものになる。さらに踏み込んで神戸の都市復興の一番基本的なプロジェクトとして位置づけていくことさえ必要だと思っている」

ここまで言われたのだから、県も市も動かざるを得なかったというわけだ。行政とはこう使えばいいのか、と僕としても少し学ばされた出来事だった。

なおマップについては、2000年には120か所、2001年には158か所、2010年には288か所、2023年に340か所に増やして改訂版をつくっている。自分たちで調べたものも多いが、市民から情報が寄せられて知ったものもある。

マップをつくる過程では、こんな人も現れた。やはり自宅で被災し、父親ともども避難所で生活していたところ、その父親を震災1週間後に肺炎で亡くした上西勇さんという男だった。上西さんは僕のところに来るや否や、「こんな地図じゃわからん。いくら探しても見つからん碑がある」と文句を言った。

そこで僕は言った。

「限られたスペースにすべてのモニュメントの情報を埋め込むのは結構難しい作業なんだ。僕たちもご覧の通り、限られた人数でやっている。マップはみんなものだし、不満があるならあなたが変えてみればいいじゃん。どうすればいいのか、僕たちに見せてくれよ」

上西さんは、「やってやらぁ」という態度で僕のもとを去った。その後本当にアクションを起こすかどうかは五分五分だと思ったが、上西さんは実際に自転車で慰霊碑を一つひとつめぐり、僕のところへやってきた。

それどころか、自治体や図書館に問い合わせるなど地道な努力を続け、新しい慰霊碑をいくつも見つけてくれた。２０１３年にはなんと仙台の地でも見つけている。そんな風に、いろいろな人に支えられてできあがったマップだ。

「息子以外の死者が初めて見えた」と泣いたご遺族

さて、震災モニュメントマップができたはいいが、僕には一つの懸念があった。プロジェクトメンバーには、ご遺族が誰も入っていなかった。ご遺族の方が実際にマップを目にし、「なぜ家族の慰霊碑を勝手にマップに載せたのか」と激高され、破り捨てられる可能性も十分にある、と思った。だからこそ、刷り上がったマップをまずはご遺族に見てもらいたいと思い、僕は１９９９年1月17日の慰霊式典の３日前、大学慰霊祭が執り行われていた神戸大学を訪ねた。

式典が終わり、会場を後にしようとしたご家族に、僕はマップを配布した。「震災モニュメントマップをつくりましたが、勝手に進めてしまったので『何だこれは』と思われる方がいるかもしれません。どうぞ何か思うところがありましたら、お話を聞かせてください」と言いながら。「せっかく刷ったけれども、1人でも反対したならば世に出すべきではないだろう」との覚悟もあった。

一通りマップを配り終え、その付近の道やごみ箱を確認したが、投げ捨てられているものはなかった。とりあえずみんな持って帰ってくれた、それだけでまずはほっとした。そんな中、僕にしゃべりかけてくれた人たちがいた。自宅で長男の健介さん（当時21歳）を亡くした白木利周さんと朋子さんのご夫婦だった。

健介さんは自宅の庭に建てられたプレハブで就寝中、震災に襲われた。自宅で寝ていたほかの家族は無事だった。白木さんは震災直後、呼びかけても返事のない健介さんを探し、ようやく探り当てたときには、すでに健介さんは亡くなっていた。健介さんを動かそうにも瓦礫が邪魔で動かせず、どんどん身体から体温が奪われていくのをその手で感じていた。昼前には消防隊員なども到着したが、「生きている人を優先する」と言ってその場を離れたため、瓦礫の中から運び出されたのは震災翌日のことだった。

そんな白木さんからしゃべりかけられる瞬間、僕は「怒られるかもしれない」と少し身構えた。しかし、白木さんから出た言葉は「ありがとう」だった。

「こんなにいろんな所に慰霊碑が建てられているんですね……。いままで私たちは、死んだ息子の名前しか見えていませんでした。でもこのマップを見て、ほかの亡くなられた方々の存在がはじめて見えました。ありがとう。これからはみんなのためにも祈っていきます」

マップをつくってよかった、と感じた瞬間だった。白木さんご夫婦はその後、「いつか息子だけでなく、ほかの亡くなった人たちにも手を合わせたい」と言った。そして、「自分たち夫婦だけで行くのは少しつらい」とも。

そこで僕は、〝ある提案〟をした。実はマップをつくると決めたとき、「『マップ』をつくるなら『ウォーク』もしよう」との意見が委員会のメンバーから上がっていた。そこで、1999年の1月17日、マップを配ると同時に「震災モニュメントウオーク　～語り継ごう、あの日のことを～」を開催することに決めていた。そのウォークにぜひ参加してほしいと声をかけたのだ。

白木さんはウォークにご夫婦で参加してくれた。そんなご夫婦に、僕はほかのご遺族を紹介した。白木さんは、「家族を亡くし、不幸のどん底にいるのは自分たちだけじゃないんだと気づいた」と言ってくれた。

マップとウォークに救われたと言ってくれたご遺族は、白木さんご夫婦だけではない。足立悦夫さんと朝子さんもそうだった。

足立さんは長男の伸也さん（当時27歳）とその妻の富子さん（同25歳）を震災で亡くした。足立さんは豊岡市の自宅から毎月のように息子夫婦の元を訪ね、たわいもない会話を楽しむなど、親子仲は非常に良好だった。地震発生翌日、足立さんは連絡の取れない息子夫婦のもとを訪ねた。アパートは全壊し、がれきが残るのみだった。19日に発見された伸也さんは、富子さんをかばうようにして亡くなっていた。震災からたった10日後には、加古川市に居を移す予定だった。

僕が足立さんのことを知ったのは、朝子さんから電話をもらったからだった。「震災後、主人は毎日お酒を飲んでいて、うつ状態になってしまっているんです」というSOSだった。そこで僕は高速道路を使っても2時間はゆうにかかる豊岡まで足を運び、ウォークに誘った。元来歩くことが好きだった足立さんは、しぶしぶではあったもののウォークに参加してくれた。

最初のうちはふてくされた表情で歩き、ほかの参加者との交流も拒んでいた足立さんだったが、集会所で参加者が自分の想いを次々に語っていくと、徐々にその表情は変わっていった。「つらいのに涙も出ない」と言っていた足立さんに、僕は「涙を流すのも重要なことだよ」と告げた。

　白木さんと足立さんによって、救われたご遺族もいる。松浦潔さんは、長男の誠さん（当時16歳）と、自宅にホームステイしていたオーストラリア人のスコット・ネスさん（同24歳）を地震で喪った。地震直後、誠さんとネスさんの二人はがれきに挟まれた。その時点で誠さんは生きていて、左手でベッドを叩き、「自分はここにいる、生きている」と知らせてくれた。でも引っ張り出すことができないうちにその音は聞こえなくなり、がれきから出ている両脚はどんどん冷たくなっていった。つらい、やるせない思いを、ウォークで知り合った白木さんや足立さんは受け止めてくれた。

震災モニュメント交流ウオークの一場面

　ウォークはその後、「震災モニュメント交流ウオーク」として、定期的に開催することになった。「交流ウオーク」に名前を変えたのは、「同じ〝被災された方〟であっても、自分が住んでいた場所、自分が受けた被害以外のことをほとんど知らない」と気付いたからだ。

　ウォークの狙いは大きく3つに定めた。一つは「ご遺族たちと被災された方、ご遺族同士の交流の場にする。ご遺族たちの心を開く場にする」こと。もう一つが「被災場所の異なる人たち同士が、お互いの体験を交流し、震災の経験を共有し語り継いでいく」こと。最後の一つが「被災された方たち同士が話し合う場を提供することによって、被災された方たちによる震災復興のきっかけを作る」ことだ。そうしていまも、「どうすればもっと人が交流するか」を考え、改良を重ねている。

それだって、僕がそのすべてのプロセスを整えたわけではない。いま話した上西さん、白木さん、足立さん、松浦さんといった人たちが「もっとこうしたほうがいい」「ああしたほうがいい」というので任せただけだ。

僕はアイデアを出し、人と人をつなぐだけ。そうすればその後は、つないだ人と人の縁からまた新しい何かが生まれる。僕はそうしてここまでやってきた。もし一人で抱え込んでいたら、きっと途中で潰れていただろう。

〝個人の死〟が〝みんなの死〟に

宗教学の第一人者、山折哲雄先生は、このウォークを「現代の巡礼」と呼んでくれた。「かつては宗教者の後を民が歩いた。ところが震災モニュメントウオークでは、民の後ろを宗教者が歩くのだ」と先生は言った。実際、このウォークには多くの宗教者も参加してくれていた。「そうなんだよ、これは巡礼なんだ」とわが意を得た気持ちだった。

かつては宗教者だけのものだった巡礼。一方このウォークでは、信仰心の有無を問わず、どんな人でも参加できる。またこのウォークは、死者を悼む側面はもちろんあるが、「生き残った人のためのもの」との側面が大きい。犠牲となった方々を悼むモニュメントに触れることで、私たち生者はあの日のことを思い出し、そのとき感じた思い、いまなお抱えている悲しみやつらさを他人と共有し、明日を生きていくための力を得る。そんな力がウォークにはあった。

こうして、「慰霊碑をマップにしたらいいんじゃないか」と僕の直感から始まったプロジェクトは、どんどん深化していった。

ここで僕は、「個人の死」が「みんなの死」になることで、悲しみを乗り越えられることがあるのだと確信した。震災で喪われたいのちは、当然のことだが震災がなければ喪われなかったいのちだ。事件や事故と違い、恨むべき対象もない。だからこそ家族は、「なぜあの子だけがこんな目に遭わなければならなかったのか」とやり場のない悲しみと怒り、絶望を抱えて苦しむ。ただそこでは、「自分の大切な人」の存在しか見えていない。その結果、白木さんのように「自分ほど不幸な人間はいない」と落ち込み、足立さんのようにうつ状態に陥ってしまう。

しかし、慰霊碑を通じて「たくさんの人たちが理不尽にいのちを奪われ、そのいのちを奪われた人たちの何倍もの人が、自分と同じような苦しみを抱えている」と知ることで、やっと大切な人の死を乗り越えられる場合があるのだ。

その様子を目の当たりにして改めて、これらの運動は僕たちのような〝市民側〟がやることに大きな意義があったのだと感じるようになった。もしこれが行政主導で進んでいたら、「大切な人の死が、『公の死』の中に組み込まれてしまった」と反発したご遺族もきっといただろう。だけど僕たちが主導することで、あくまで「みんなの死」だと位置づけることができた。

こうした動きを、学術的に解き明かそうとした研究者たちも現れた。たとえば神戸大学（当時）の今井信雄さんは、慰霊碑に「わたしたち」という言葉が数多く使用されていることを指摘した。

今井氏は、多くの慰霊碑に登場する「わたしたち」について、「『特別な死』と直接的には関連づけられないようなすべての人が『特別な生』として位置づけられているような新たなリアリティのあり方である」と指摘した。

たとえば、先に挙げた明石市の明石公園の碑。

「これは　いつかあったこと
これは　いつかあること
だから　よく記憶すること
だから　繰り返し記憶すること
このさき
わたしたちが生きのびるために」

この「わたしたち」は、生き残ったすべての人を指す言葉だ。かつて戦火によって亡くなったいのちは、「公の死」として国民を一つにするために用いられた。しかし震災による死を弔う慰霊碑は、すでに存在している「わたしたち」が未来を生きていくための象徴であると今井さんは言った。

「阪神淡路大震災1・17希望の灯り」を建立

震災モニュメント交流ウオークでは、先に挙げた白木さんや足立さん、松浦さんや上西さんといったおやじたちがすっかり常連になってくれた。自分だけが不幸のどん底にいると打ちひしがれていた白木さんは、ほかの参加者に対し「僕の息子の名前は歴史に刻まれたんです。私の名前はまだ残っていません」と明るくあいさつするまでになった。

そんなある日のウォークで、足立さんがボソッとつぶやいた。

「〝生きた証〟がモニュメントなんだよな。でも、俺たちが〝生きている証〟はどこにもないんだよな。それはちょっと寂しいよな」

生きている、証。

その言葉が、僕の心にも響いた。と思うと同時に、「ほしいんだったらつくろうぜ」との言葉が口から飛び出た。深く考えるよりも先に、口から言葉が出ていってしまうのが僕の悪いところでもある。でも、口にするから実現することもある。「そんなこと、どうやってできるんだ」と問う足立さんに対し、「ちょっと考えてみるから待ってろ」と大見得を切った。

生きている証とは何なのか。そう考えた僕の頭にすぐに浮かんできたのは、震災当日、絶望の中で見えた一筋の光だった。どんな暗闇の中にいても、光が見えれば人は希望を持つことができる。それは死者のためではなく、生き残った者のための光だ。そこで、過去だけでなく現在、未来にも目を向けられる希望の灯をつくることはできないだろうか、と考えるようになった。

震災直後は、全国から支援の手が差し伸べられた。それもまさに、小さな灯とも言える。その小さな灯が集まり、徐々に神戸のまちを明るくしてくれた。そこでもう一度全国から神戸のまちに火を集め、一つの火にすることで、震災の象徴にもなるだろうと考えた。

沖縄県営平和祈念公園の「平和の広場」には、「平和の火」が灯っている。この火は、広島市の「平和の灯」と長崎市の「誓いの火」から火をわけてもらい、1991年から灯し続けられていた火が95年の「慰霊の日」に移されたものだ（ちなみにこの火は普段から灯されているわけではなく、イベントごとや要人が訪れるときなどだけに点火されている）。こういったことができるなら、神戸でも同じような試みが可能なはずだ。

僕は早速行動に移した。ちょうど神戸市では、「震災を記憶し、復興の歩みを後世に伝え、犠牲者の慰霊と市民への励まし、震災からの復興、大規模災害に対する世界規模での連帯による復興の意義を内外にアピールすること」を目的とし、市主導で「慰霊と復興のモニュメント」をつくる計画を1996年から進めていた。これに乗っかってしまおうというわけだ。

といっても、灯をつくろうと決意したのは1999年の冬。慰霊と復興のモニュメントのお披露目は2000年1月17日を予定していた。普通で考えれば無理だ。しかし「慰霊と復興のモニュメント設置実行委員会」の委員長は僕。顧問には下河辺淳さんと神戸市長（当時）の笹山幸俊さんが就いていた。だからこそ、多少の無理は利くだろうとふんだ。

僕が「灯をつくりたい」とお願いすると、神戸市の職員からは「もうすべて計画ができあがって承認もされた中で、いくらなんでも無理です」といった声もあった。この計画はすでにマスコミにも発表されていて、予算も決まっている。ここから覆すのは至難の業だと思われた。だが僕が笹山さんに「慰霊と復興のモニュメントは、死者を悼み、市民を励ますものではあるけれど、そこに生き残った私たち自身の希望はない。悲しみだけを強調するのではなく、希望も伝えるべきではないか。役所がお金を出せないというなら僕が出す」と熱弁をふるい、なんとかＧＯサインをもぎとった。

希望の灯りをつくるとマスコミに発表したのは１９９９年12月10日。そしてお披露目が翌年1月17日。行政的な感覚からすれば、突貫工事もいいところだ。工事を請け負った竹中工務店も非常に頑張ってくれた。図面上は敷き詰めるはずだった御影石は手違いで半分ほどになってしまったけれど、それを差し引いても十分な出来栄えだと僕は思っている。

そうして２０００年1月16日、「慰霊と復興のモニュメント」と同時に、「阪神淡路大震災1・17希望の灯り」が設置された。設計は「慰霊と復興のモニュメント」と同じく楠田信吾氏が担当し、御影石で作られた本体にガラスケースを設置し、その中に小さな炎を燃やすことにした。その碑に刻まれた文章は僕が考えた。

「一・一七　希望の灯り

一九九五年一月十七日午前五時四十六分
阪神淡路大震災
震災が奪ったもの
命　仕事　団欒　街並み　思い出

…たった一秒先が予知できない人間の限界…

震災が残してくれたもの
やさしさ　思いやり　絆　仲間
この灯りは
奪われた
すべてのいのちと

生き残った
わたしたちの思いを
むすびつなぐ」

「たった一秒先が予知できない人間の限界」という言葉を挟み、その前が震災で喪われたいのちに対する悲嘆、その後に生き残った私たちに向けた希望のメッセージを対句としている。「たった一秒先が予知できない人間の限界」とは、まさに〝いまこの瞬間の私たち〟を指す。いまこの文章を読んでいるあなたも、この本を書いている僕も、一秒先にどうなるかなんて誰にもわからない。なおここに書かれた言葉は白木さんや足立さんら被災された方々が口にした言葉を紡いだものだ。

「阪神淡路大震災1・17希望の灯り」は、まさに多くの人たちの想い、願いが込められた、私たちがいま生きている証なのだ。

そこで燃やす火については僕の希望通り、被災した10市10町のモニュメントなどを巡って集めた種火に、全国47都道府県から寄せられた種火を合わせてつくられた。47都道府県から運ぶ際に風で消えないように、オリンピックの聖火リレーを参考にするなど試行錯誤を重ねたが、それでも「飛行機に乗せられない」「列車に乗せられない」問題が生じてきた。

種火を集める際には、「葬儀ボランティア」でもお世話になった宗教者たちにも相談し、そこで「火をどうやって運ぶか」の相談も持ちかけてみたところ、「一度想いを乗せて灯した火は、たとえその火が一度消えたとしても、その想いまでが消えることはありません。もう一度火を灯せばよいのです」と哲学的な観点から答えてくれた。「消えてもいい」と宗教者からお墨付きをもらえたことで、安心してこのプロジェクトを進めることができた。

そして1月17日、全国から集められた火が、前日に設置されたばかりの希望の灯りの前に集結した。灯りの前には、国内外のメディアが駆けつけた。いざ火をつける大役は白木さんに任せたものの、多くのマスコミに囲まれすっかり緊張した白木さんが、なかなか火をつけることができなかったのはご愛敬だ。

「阪神淡路大震災 1.17 希望の灯り」点灯の様子

希望の灯りにはいまや、ご遺族だけでなく、地域の学生や修学旅行生が訪れることもある。訪れた若者たちが、この灯をきっかけにして「生きていること」の尊さを感じてくれたらと、僕は切に願っている。

ご遺族支援のNPO法人を立ち上げる

震災直後、たくさんの人が白木さんのように「自分が一番不幸だ」と思い、そこで立ち止まってしまっていた。そんな人たちに、僕たちのようなボランティアができることは、ただ話を聞くことしかなかった。

多くのボランティアが、つらい経験を抱えた被災された方の話を聞き、涙した。そして「自分は無力だ」と感じた。しかし被災され方たち、「あなたが涙を流してくれたことが嬉しい」と言ってくれた。僕たちにできるのは〝寄り添うこと〟しかないけれど、それが何より重要なのだと被災された方たちが教えてくれた。

被災された方の心に寄り添い続け、その後兵庫県こころのケアセンター長にも就いた精神科医の中井久夫先生からは、「あなたのやっていることは精神科医と同じだ」という言葉をもらった。無理して被災された方と向き合う必要はない。たとえ何かを話さなくても、ただ寄り添っているだけで救われることもある。被災された方に対しても、無理につらかった経験を言葉にしてもらう必要はない。その人がしゃべりたくなったタイミングでしゃべってもらえばいい。ただ、しゃべりたくなったときに誰かがそばにいることが重要だ。

自分のつらさを誰かに話せるようになれば、次はきっと他者の死にまで目を向けられるようになる。震災モニュメントウオークはまさにそうだ。そうやって人は一歩ずつ、前に向かって進んでいく。

僕のもとにはいつの間にか、〝震災〟以外で家族を亡くしたご遺族も訪れるようになっていた。そこで、震災に限らず、事件や事故で家族を亡くされたご家族に声をかけて集まってもらい、それぞれの体験を話してもらう場を設けてみた。すると多くの参加者が、ほかの方のつらい体験に涙を流した。自らの家族のために流した涙は心を癒しきれないけど、ほかの人のために流した涙は心を癒すことができる。そして、それまでの自分とは変わることができる。それがよくわかった。

理不尽に愛する人のいのちが奪われたことで大きく傷ついたのは、なにも阪神淡路大震災で被災された方たちだけではない。愛する家族を奪われた悲しみや絶望はみんな同じだ。悲嘆の中にある人はみんな、一様に同じ言葉を言った。「まさかこんなことが起きるなんて」。かつて災害や事故、事件の被害者といった〝かわいそうな人たち〟は、自分とは遠い世界にいる人物だと思っていた。テレビをつければ毎日のように理不尽な死が報道される中でも、まさか自分がその当事者の遺族になるとは夢にも思っていないのだ。

一方で、震災のご遺族と、たとえば交通事故の被害者には、大きな違いもあった。それが、「痛みを吐き出せる場がないこと」だ。ある事故のご遺族は「私たちの思いは行き場がないんです」と僕の前でつぶやいた。そのつぶやきを聞いた僕は、「震災だけでなく、事件や事故などのご遺族すべてが集えるプラットフォームをつくろう」と考えた。

そこで立ち上げたのがNPO法人「阪神淡路大震災1・17希望の灯り（通称HANDS）」だ。初代の理事長は白木さんにお願いした。白木さんならご遺族の気持ちがよくわかる。毎月17日になると希望の灯りにやってきて、みんなのために祈り、ガラスケースを磨き上げてくれた白木さんこそ適任だと考えたからだ。

プラットフォームを立ち上げたことで、さらに多くの「震災以外のご遺族」もやってきてくれるようになった。たとえば、１９９４年の中華航空１４０便墜落機事故で両親と夫を亡くした永井祥子さん。１９９５年の地下鉄サリン事件で地下鉄霞ケ駅助役だった夫一正さん（当時50歳）を亡くした高橋シズヱさん。２００１年、花火大会で群衆雪崩が起き、次男の智仁ちゃん（当時2歳）を亡くした下村誠治さん。ほかにも１９９９年に起きた池袋通り魔殺人事件のご遺族や２００１年の大阪教育大学附属池田小学校の児童殺傷事件のご遺族、２００４年のスマトラ島沖大地震のご遺族など、いろんな方々が僕の元を訪ねてきてくれた。

みんな、喪失と悲嘆の中にいた。しかも表立って活動するご遺族の中には、「お金目当て」など、謂れもない誹謗中傷を受ける人もいた。下村さんに至っては、「子どもを守るのは親の務め。小さい子を花火大会に連れてくるべきではなかった」といった個人攻撃まで受けていた。僕自身もしばしば「売名行為だ」などと揶揄されていたが、まだどくどくと血を流している傷口に平気で塩を塗り込む人たちが、残念ながら日本にはいる。

NPO法人運営者の勘違い

第二章の最後では、この本を手に取ってくれた方はボランティアに興味がある人も多いと思うので、NPO法人ならびにボランティアそのものについても少し触れてみたいと思う。

NPO法人とは、「Non-Profit Organization」の略。日本語で「特定非営利団体」という。営利目的ではないというだけで、お金を稼ぐことはできるし、決して「ボランティア」ではない。NPO法人になるには、いくつかの要件を満たす必要がある。たとえば「特定非営利活動を主たる目的とする」「営利を目的としない」「10人以上の社員がいる」「宗教活動や政治活動を主たる目的としない」――など。

活動内容は何でもいいわけではなく、「まちづくりの推進を図る活動」「災害救援活動」「地域安全活動」「子どもの健全育成を図る活動」など20の分野に限定される。普通の企業ではサービスを受けた人が対価を払う仕組みが一般的だが、NPO法人ではサービスを受けた人が対価を支払わないケースもしばしばみられる。そのため、社会的な弱者に向けてのサービスを展開できる特徴を持つ。

利益を分配することは許されていないものの、利益を給与として受け取ることはできる。複数のNPO団体が加盟し、NPO法人に関する調査なども行っている新公益連盟によると、同団体の加盟団体の一般職員の平均年収は339万円。役職が上がれば年収も増え、管理職で平均年収463万円、経営層で574万円となっている（2017年調査）。「経営者」とのイメージからすればちょっと物足りないかもしれないが、決してボランティアでなくてもいい。僕自身は給料をもらわず、活動費はすべて持ち出しでやっていたのだけれど。

実は、僕は確かにご遺族が集えるプラットフォームをつくるための団体を立ち上げようとは思っていたものの、決してNPO法人にしようとは思っていなかった。1998年に特定非営利活動促進法ができたことで、市から「ぜひ神戸第一号のNPO法人になってほしい」と頼まれたため、何度か「面倒だから嫌だよ」と拒否したものの、最終的にしぶしぶ応じたものだ。

一般的に、NPO法人のメリットと言えば、事業が続けやすくなることだと言われている。個人だけの活動にはどうしても限界がある。NPO法人にすることで職員を雇用することができるし、HANDSでいえば、寄付収入が一番の柱を占めているが、寄付金を募ろうとしても「個人」に対してでは怪しくてなかなか寄付しづらい。そこでNPO法人にすることで一定の社会的信用度も得られるし、法人口座をつくることもできる。定期的なチェックを省庁から受けるため、寄付をしてくれる人に安心感を与えられるというわけだ。また、助成金をもらっているNPO法人も多い。そういう面で、個人で展開するよりも資金的にはやりやすいかもしれない。

ただ僕が理事長をしていたころは、助成金はもらっていなかった。というのも、もともとNPOにしたいわけではなかったという思いがまずあった。行政からすれば、NPO法人は〝下請け〟のようなもの。「社会的に弱い立場にある人にサービスを展開するというのは本来行政がなすべき領域だが、なかなか自分たちでは手が届かないためにＮＰＯ法人に対していくばくかの助成金を払う」という構図になっている。

自治体の職員も議員も、ＮＰＯ法人を「自分たちと対等の立場にある存在」と思っている人はごくまれだ。あくまで自分たちが〝上〟の存在であり、ＮＰＯ法人は自分たちがやれないことを「よろしくね」と託すだけの存在だと捉えている。その関係を崩そうとすると、後述するが僕のように行政や議員からうとましく思われることもある。

また、ＮＰＯ法人格を取得し、活動を発展させていこうと考えると、事務所や職員の雇用などが必要となってくる。ただでさえ構造的にお金が入ってきづらい事業を展開しているのに、毎月の事務所代や職員への給与が必要になってくると、事業そのものよりも「どうやって組織を守っていくか」で頭がいっぱいになるケースがしばしば見られる。そしてこのように、ＮＰＯ法人という手段が目的化してしまっている団体は、早晩破綻していくことになる。

もちろんこれは僕個人の考え方であり、ＨＡＮＤＳが寄付金や会費だけでも運営が回っていたから言える話でもある。「阪神淡路大震災」を冠するＮＰＯ法人だけに、震災から日が経てば寄付金や会費が減少していくことも当初から目に見えていたし、新しい理事長が助成金をもらっても僕は何も言わない。そういうわけでいまは助成金をもらっている。

ただし、ＮＰＯ法人を選んだ時点で、「助成金で何とか存続していこう」と行政頼みにするのではなく、なんとか自分たちだけでやっていくことができる基盤を整える経営的な視点が求められることに変わりはないと、いまも思っている。そのような視点を持つ人材でなければ、不測の事態が起きたときにも対応できないだろう。

それなのに、ＮＰＯ法人を運営する人たちはこぞって「お金がない」と嘆く。「助成金に対する行政の審査が厳しい」とこぼす人もいる。これには「甘い」と言わざるを得ない。そもそもお金がほしいなら、法人化すべきだ。株式会社でも合同会社でもいい。「自分たちが望む社会を実現したい」というのは、会社でもできることだ。会社であれば株主を集め資金を調達し、事業を拡大していく努力をしていくはずだ。それをわざわざ「ＮＰＯ法人」を選んだのは、その努力を最初から放棄した人も中にはいるだろう。確かにＮＰＯ法人は利益を追求する機関ではないが、自分たちで稼ぐ力をはなから諦めているのに、その存続を行政に頼ろうとするのは虫が良すぎる話だ。

行政が望むようなＮＰＯ法人になれば、助成金は入手しやすくなるだろう。しかし僕は、行政からお金をもらうために行政の要望通りに動いた結果、自分たちがやりたかったことと少しずつずれてしまってきている団体をいくつも見てきた。確かに資金面ではいいのかもしれない。でも自分たちがやりたいことと違うことをやろうとして、モチベーションが高まるはずもない。それでも「営利目的ではない」ので、成果が出なくても誰も問題視しない。行政に対しても、報告書さえ提出さえすればOK。これで一体何が変わり、誰が救われるのだろうか。

NPO法人を立ち上げるとき、もともとは、「こういうことで困っている人たちを、自分たちが何とか解決したい」という思いがあったはずだ。本当にその思いが行政とのいわば癒着で達成できるのか。税金を原資に数百万円、数千万円単位の助成を受けても、何一つ状況を変えることができないまま終わりになっているケースが全国あちこちに見られる。

ひとたび立ち上げてしまえば、活動には責任も伴う。やってみることではじめて、「そういうつもりじゃなかった」という事態も起こるだろう。そうして、「もともとお金儲けのためではなかったし、自分がやれるだけのことはやったから」と安易に活動を終わらせる。大阪市市民活動総合ポータルサイトの調べでは、2022年末時点で、設立されたNPOのうち実にその約32％はすでに解散している。NPO法人を立ち上げた時点で、その法人に期待してくれていた人たちも少なからずいるはずだ。「NPO法人を立ち上げたい」と思う人たちに対しては、「自分たちだけの力で永続させていく覚悟はあるのか」と、僕は問いたい。

ボランティアは自己満足の手段ではない

第三章でも詳しく述べるけれど、第二章だけでも、いちボランティア団体がたくさんのことをやってのけたことを知ってもらえたはずだ。震災のボランティアを通して、僕は「行政じゃなくてもできることがある。行政にはできないことが市民の力によって成し遂げられる」との確信を得た。

権力を持たない市民に一番重要なのは「発想力」だ。お金が潤沢にあれば、大した発想力がなくても力技で進めることはできるかもしれないが、僕たちのようなお金のないボランティア団体にとっては、発想力こそが宝だ。その発想にみんなが納得し、支援してくれるのであれば、多くのことは成し遂げられる。「そんなことはとてもできない」というのは、自分で勝手に限界を決めているだけではないだろうか。

震災で傷ついた人とまちを見てショックを受け、そんな中でも他者を思い合う人の姿に感動し、「僕もできることはやろう」という気持ちから始めたボランティア。その行動がまさかここまでたくさんの人を動かし、行政を動かすことになるとは思ってもみなかった。「がんばろうＫＯＢＥ」が流行語大賞を取るなんて、誰も予想することはできなかっただろう。

行政はどうしても「平等、公平」を大事にする。だからこそ、「平等、公平」の原則では補えない部分を、ノンプロフィットである僕たちがカバーする。決して〝行政の下請け〟ではなく、対等な関係で協働し、よりよい社会をつくっていくことができると思っている。

ただ一点、重要な補足をしておきたい。僕は「ボランティア」そのものを手放しで褒めているわけではない。むしろその在り方には疑問すら抱いている。

僕はこれまでの活動から、さまざまな場面で講演やディスカッションを依頼されることがある。そんな中で、つい最近も大学のえらい先生が「ボランティアは自己実現の場でもある」と言った。いくらなんでもそれは違うだろう、と僕は抗議した。ボランティアは、「困っているけど自分ではできない」といった事情を抱えた方のサポートをする役回りだ。

自己実現がしたいならば、カルチャースクールに通うなりカラオケに行くなりしていくらでもほかに手段があるはずだ。誠心誠意誰かのためにボランティア活動をしたことが、結果として自己実現に結びつくのはいい。だけど最初から自己実現を目的にするボランティアは、単なる自己陶酔にすぎない。他者を利用した自己実現はするべきではない。

そういう人たちは得てして、たとえボランティアをしたとしても「自分たちがしたいこと」を優先する。困っている人たちに対して、「こうしたほうがいいよ」と自分の基準からのアドバイスもする。でもボランティアとはあくまで、困難な状況にある方の希望をくみ取って、その方のささやかな夢を実現することが重要だと僕は思う。

神戸市のシルバーカレッジでも、毎年のように講演を頼まれる。そこで僕は言う。

「みなさん。神戸市がなぜシルバーカレッジをつくるのかというと、一度社会からリタイアされたみなさんの力を、もう一度社会のために役立ててほしいという目的があるからです。ここは社会から必要とされる自分となるために、スキルや技術を習得する場です。単に『自分のためだけに学びたい』という人は来ないでください」

シルバーカレッジとは、57歳以上の市民を対象に、「豊かな経験を活かして自らの可能性を拓き、その成果を社会に還元することを目指した高齢者のための生涯学習機関」として設立されている。週2回程度（全60日）の開校で費用は7～8万円ほど。1日当たり約１２００～１３００円という破格の料金設定だ。民間ではとても運営できない。学びを社会に還元することが期待されているから、市も税金を投入しているわけだ。「自分」にしか焦点が当たっていない活動は、自分だけで完結すべきだ。

「ボランティア」という存在は、阪神淡路大震災で大きくクローズアップされることとなった。そのときに全国から集まった人は「困っている人のために、自分ができることをしにいく」との思いを抱えていた。言われてもやらないが、言われなくてもやる。ボランティアとは本来そういうもののはずだ。その考えが、初めに僕の活動を拒んだ役所の指示待ちの地縁団体と大きく違う。

ボランティアは自分の意思でボランティア活動に来ることを決め、寒さで震えながら黙々とがれきの撤去や避難所で仕分けやトイレ掃除にいそしんだ。結果として彼らは被災された方たちから必要とされ、必要とされたことでさらにボランティアも自分たちの活動に意義を見出した。

また当時、行政はボランティアの力を当てにはしていなかった。しかしいまはNPO法人と同じく、「廉価な労働力」としてみなされ、そのように扱われている。自己実現のための手段として使われるでも、行政の言いなりでもなく、本当の意味での「ボランティア」に立ち戻るべきだと思う。そうでないボランティアなど、やめてしまえばいい。

本当の意味でのボランティアが成熟していくためには、ボランティアの自主性だけに期待するのではなく、社会そのものの環境ももっとボランタリーなものにしていく必要がある。たとえばかつて、「電車の席を譲るのもボランティア」と謳うCMが流れた。

しかし、本当にそうだろうか。ほとんどの人は、電車に乗ればやっぱり座席に座りたいと思うのが当たり前だと思うし、疲れていればなおさらだ。ただ目の前に高齢者や妊婦がいれば、やはり「譲った方がいいのか……」と思う人も多いだろう。しかし最近はスマートフォンに集中している人も多いし、そうでなければ大体目を閉じている。そうすると、目の前の高齢者や妊婦に気付いたとしても席を譲るタイミングを逃してしまい、なかなか声をかけづらくなる。「あぁしまった。このままだと悪いけど、声をかけるタイミングも逃した……」と優しい人ほど逡巡する。

でもこのとき、高齢者や妊婦の側から「ちょっとしんどいのでどなたか席を譲ってもらえませんか？」と声を上げたら、「そんなことならどうぞ！」とかなり譲りやすくなるはずだ。これはほんの一例だが、このようにできないこと、困ったこと、苦しい気持ち、悲しい気持ちをきちんと言える社会づくりも重要だ。

多くの日本人は子どものころから、「自分のことは自分でしなさい」「人に迷惑をかけてはいけません」と言われて育つ。しかし、本当に人に頼ってはいけないのだろうか。俳優の仕事で考えても、俳優一人だけでは何もできない。プロデューサーや監督、照明に大道具や小道具のみなさんがいてはじめて、俳優という仕事が成り立つ。それぞれがお互いにできることをする、それが結果として誰かの助けになる。

ある日心理学者の河合隼雄先生とお会いしたとき、一冊の本を頂いた。そのとき頂いた「こころの処方せん」というエッセイ集の中に書かれていた言葉が、いまも僕の心にしっかりと残っている。

「自立とは、他に依存していることを、しっかり自覚する事である」

第三章　「市民主導」の成功と挫折

僕の活動は次第に〝いちボランティア団体〟の枠組みを超えていった。第二章の時点ですでに「本来それは行政のやるべき領分だろう」あるいは「どうやってそのように行政と結びつくことができたのか」などと思われた読者もいたかもしれない。そこで第三章では、僕が行政とどのように向き合ってきたのかに焦点を当て、慰霊や追悼、再生といった行政にとっても重要な事項にかかわるイベントを市民主導で進めることができた理由およびその限界について、語りたいと思う。

「神戸で震災は起きない」は嘘だった

「神戸では地震は起きない」。震災直前まで、こんな言説が本気で信じられていた。僕自身も信じていた一人だ。すでに東京では首都直下型地震、名古屋では南海トラフ地震の危険性が指摘される中で、関西は大都市でありながら震災の危険性は低いと考えられていた。それが、僕が神戸への居住を決意した理由の一つでもある。

いまとなってはもうあまり触れられることはないが、阪神淡路大震災が起こる3週間ほど前には最大震度6の「三陸はるか沖地震」が発生して3人が亡くなっていたし、1月に入ってからも岩手県沖で最大震度5の、この地震の余震が起こっていた。「次はいよいよ首都直下型地震か」という不安と同時に、「やはり神戸は地震が来ないんだな」と根拠のない自信ばかりが大きくなっていた。

実際震災が起きたときも、最初僕が「家が爆発したのか」と思ったように、神戸市民の中には「家に車が突っ込んできたのかと思った」「北朝鮮からミサイルが飛んできたのかと思った」といった意見があったくらい、「大震災が起こる」可能性を神戸市民は直視していなかった。

ただその後に、実は神戸で震災が起こる可能性を、阪神淡路大震災が起こるずっと前から警告していた調査の存在が明らかになった。それは1974年にまでさかのぼる。大阪市立大(当時)の研究チームらがまとめた調査報告書「神戸と地震」では、六甲山地の断層の多くが活断層であり、神戸—阪神間の地形が地震による隆起で形成されたことを指摘している。そのうえで「将来大地震が発生する可能性がある」「壊滅的な被害を受けることは間違いない」などと記載していた。

また1979年には、神戸大学の教授らがまとめた「兵庫県下震災対策調査報告書」が公表され、神戸では50年に1回の割合で地震が起きており、「統計的には明日地震が起きても異常ではない」ことも述べられていた。しかし、それらの報告書が活用されることはなかった。

1985年、神戸市に地震対策部会が設置され、地震について協議された。しかし、その危険性は低く見積もられ、想定震度は「5強」とされた。その想定に伴って、抜本的な地震対策を進めることもなかった。

ただ、僕を含む多くの市民は阪神淡路大震災の発災はまさに青天の霹靂とも言える出来事だったが、市役所職員の中には「そろそろ何かが起こるかも」といった思いを持っている者も多かったと聞く。

神戸では1938年7月に阪神大水害が発生。谷崎潤一郎の「細雪」にも詳細に描写されているが、この水害による死者数は715人に上り、神戸市の7割ほどが被災した、これを受けて神戸市は治水・砂防事業に注力したものの、1967年7月には再び豪雨により土砂災害が起こり、神戸市内だけで84人の死者を出した。これらの災害が起こったことで、神戸市の職員の中には「神戸は地震よりも洪水」との印象が植え付けられ、地震への対策がなおざりにされてしまったわけだ。ただいずれにせよ30年ほどの周期で大きな災害が起こっていることから、1967年から30年が近づいてきた1995年時点で、漠然とした不安があったのだという。

もし、神戸市が地震の専門家らの報告書をしっかりと受け止め、市民に周知し、その対策を進めていたならば。市役所職員たちが抱いた漠然とした不安を拭うためにも、あらゆる災害への対策を見直してさえいれば。そうすれば少しは結果が変わっていたのかもしれない。

多くの人は「震災は天災。予測することも防ぐこともできない」と考えている。でも実は、「備えてさえいれば防げた、備えることはできた」側面もあるのだ。それでも神戸市は、自分たちに都合の悪い情報を無視した。そういう意味で、僕はあらゆる震災は「人災」でもあると考えている。

また、このような都合の悪い情報を無視するようになった背景には、神戸市の〝おごり〟もあった。神戸市役所は、戦後の重厚長大産業の衰退に先手を打って、市独自の都市経営の手法を展開してきた。神戸市の都市開発は山を削ってその土砂で海を埋め立てる非常に大胆なもので、「山、海へ行く」と称された。昭和42年7月豪雨の起きた１９６７年には日本で初めてのコンテナ荷役が行われ、全国一のコンテナ港の地位を確立するなど、神戸が確たる地位を築いていた時代が確かにあった。

ただバブルが崩壊し、駄目押しで震災に見舞われた神戸市では、その成功体験がかえってあだとなった。「状況にフレキシブルに対応できない」「情報が共有されていない」「現実を直視しない」といった弊害が、とりわけ震災後に顕著に表れてしまった。

すぐ元に戻る「形状記憶行政」

行政に被災された方たちを想う気持ちがないとまでは言わない。だが、そこで重視するのは何よりも秩序や公平性だ。たとえばある避難所では、１００人の避難者に対しおむすびが90個しか届いていないからといって配らず、おむすびを腐らせた。「数が揃っていなくても配ればいいじゃないか」と詰め寄る僕に対して、役所の人間は「そんなことをすれば避難所が混乱してしまいます。混乱を起こさないことが行政の仕事です」と言った。

混乱が起きるのは、役所と被災された方たちとの間に信頼関係が築けていないからだ。「僕たちがやれば、90個のおむすびをうまく配れるのに……」と思わず歯噛みした。

役所は公平や平等を重んじるあまり、「被災された方たち一人ひとりがイキイキとした生活を送るために何ができるのか」なんて観点は、まず生まれてこない。仮にそう思った職員がいたとしても、役所という大きな組織の中では到底実行しえない。行政は何としてでも「やらない理由」を見つけようとするからだ。

また避難所では兵庫県の職員が御用聞きとなって、「何か困っていることはありませんか」と聞いて回っていた。そして「こんなことに困っている」と話す被災された方に、「わかりました。必ず伝えます」と話す。僕はこっそり「そんなに安請け合いして大丈夫かい」と聞いてみたが、職員は「大丈夫です」と答える。

なんてことはない。兵庫県の職員は単に神戸市に聞いたことを丸投げして「後はよろしく」と言っていたのだ。神戸市としては「こんなのできるわけがない」とその多くを放置する。被災された方は不満がたまる。まさに屋上屋を架している状態だった。

阪神淡路大震災の発生当時の神戸市長は笹山幸俊さん。戦後間もない１９４６年に神戸市役所に入庁し、土木技術者として第二次世界大戦で荒廃したまちの復興を担っていたことから、〝復興〟には強い思い入れのあった人物だ。

ここで少し震災直後の神戸市の動きを振り返ってみよう。震災では、神戸市役所も大きな被害を受けた。１９８９年に建てられた30階建ての１号館は壁に多少ヒビが入る程度で済んだが、その30年以上前、１９５７年に建てられた8階建ての２号館は、６階部分がまるまる押しつぶされた。いわゆる「中間階破壊」と呼ばれる現象だ。

神戸市職員の7割超が神戸市内に居住しており、多くの市役所職員も被災した。想像だにしていなかった大震災の発生に職員自身もパニックとなった。交通網が全面ストップしたために多くの職員が登庁すらできない中で、笹山さんは地震発生から1時間ほどで市役所に着いた。

これは近くに住む幹部職員が自家用車で迎えに来てくれたからこそ実現したもので、その段階で登庁していた職員はほとんどいなかった。

笹山さんは職員らに対し、「いまはとにかく、全職員が市民のためにできることをすべてやろう」と伝えた。その言葉は、職員たちにも響いたようだった。避難所でも、職員たちは真摯に被災された方たちに寄り添おうと努力していた。避難所で自分の担当外のことを質問されても、「自分は別の課なのでわかりません。○○課にお聞きください」といった、役所にありがちなたらい回しも、僕が見ている限りではほとんどなかった。自分が所属している部署にかかわらず、相談を受けた職員がその内容を庁内で共有し、回答していた。

当時の市役所職員に批判したいことはある。行政は「公平」「平等」を優先するあまり、本当にいま支援を必要としている人のニーズに応えられているとはとても言えなかった。もちろん被災された方たちの中でも、意見はさまざまだ。「平等に配れ」と主張する人もいたし、「子どもを優先してほしい」と訴える人もいた。行政の「全員に行き渡らないのに配ることはできない」という意見と、僕の「その場にいる人たちを信じよう。あるものは出そう」という意見。読者のみなさんははたしてどちらが正しいと思うだろうか。

ただそんな行政への不満はありつつも、僕はこれまで縦割りに縛られていた行政が、「被災された方たちのために」と、自ら横ぐしを刺したことについては高く評価していた。

しかし震災から6カ月が過ぎようとしたある日、笹山さんは「8月1日から通常勤務に戻す」との声明を出した。そして8月1日を迎えた途端、全員がネクタイを締め、名刺を持ち、相談に来た人に対しても「自分は○○課なので、その相談は担当課にお願いします」と言うようになった。その前の日まで、「わかりました、僕から担当に聞いてまたご連絡しますね」と言っていたのとまったく同じ人物が、だ。「あんた昨日まで俺の話を聞いとってくれたやないか」という被災された方の憤りにも、「きょうから通常勤務に戻ったので」とのことだった。

行政は、どんなことがあっても元の姿に戻るのだと、僕は思い知らされた。当時ちょうど世の中では、アイロンをしなくても着られる「形状記憶シャツ」がブームとなっていた。そこで僕は、皮肉を込めて行政のことを「形状記憶行政」と呼んだ。

「市役所の中に入り込む」と決意

市民ボランティア・ネットワーク「がんばろう!!神戸」は、さまざまなボランティア活動を行ってきた。僭越ながら、僕たちの活動にはわずかばかりの社会的な意義があったと思う。

しかし、生き残った僕たちによる〝これから〟の社会を考えたときには、いちボランティア団体だけにできることは限界がある。やはり行政が変わらなければ、また同じことが繰り返される。人の命が理不尽に奪われてしまう。

でも行政は形状記憶行政で、自分たちだけでは変わらない。阪神淡路大震災でも変わらなかったのだから、もう変わるはずがない。そう確信した僕は、「外から石を投げているだけでは駄目だ」と判断した。僕たちの活動は被災された方たちにとっては多少なりとも意義があったとは思うけれど、それでは行政は変わらない。ならば、中に入り込むしかない。中に入り込んで、僕と市役所が組み合わさるしかない。僕はそう決意した。

もともと僕は〝反権力・反体制〟で生きてきた人間。僕に「そんなことをしたら行政に飲み込まれてしまうよ」と忠告してくれた友人もいた。ただそのときの僕の気分は、自民党の中から自民党を変革すべく派閥横断の政策集団（青嵐会）を立ち上げた石原慎太郎だった（いまの若い人たちはきっと何のことだかわからないだろうけれど）。僕の中には、「神戸市を利用してやろう」という思いもあった。

僕はたまたま、兵庫県の貝原俊民知事とは震災の前年から付き合いがあった。兵庫県の広報誌「ニューひょうご」にエッセイを執筆したところ、貝原さんから「堀内くんの発想は面白い。

ぜひ話を聞かせてほしい」とお呼びがかかったのだ。そこで、僕は温めていた「兵庫県独立計画」を話した。兵庫は日本の真ん中に位置し、日本海と瀬戸内海に面している。つまり陸路を通る場合、兵庫を通過しなければ東にも西にも進めない。

ならば、兵庫県の県境を封鎖してしまえば、日本経済の大動脈は止まってしまう。そこで兵庫は日本から独立し、高い関税を徴収して収入を得る自律型の独立国にすればいいという、妄想に近い絵空事だ。それでも貝原さんは、興味深そうに僕の話を聞いてくれた。

震災後、貝原さんはまた僕を県庁に呼んでくれた。会うやいなや、貝原さんは興奮した様子でまくし立てた。

「堀内くん、時は来たよ！　いまこそ兵庫独立計画を実行するときだ！　私がこれから掲げる『創造的復興』には復興庁なんていらない！　地元主導で自治が基本なんだ！」

そして貝原さんは、僕に「ぜひ県民のみなさんの生の声を私に届けてほしい」と言ってくれた。

また、発災後比較的早い段階で神戸市長の笹山さんとも接触することができた。阪神淡路大震災では非常に多くのボランティアが駆けつけたわけだが、笹山さんは当初、〝ボランティア〟という存在に懐疑的な目を向けていた。ボランティアは被災された方たちの生活再建をサポートする役回りというよりも、「神戸市に自分の要求ばかりを主張する存在」との意識が強く、「ボランティアっていうのは結局左翼なんだろ?」とまでのたまった。

いまの時代に、「ボランティアは左翼だ」と思う人はほとんどいないだろう。「政令指定都市の市長がそんな感覚を持っているなんて」とショックを受けるかもしれない。ただ、1995年当時はそのような発想もあながち的外れとは言えなかった。

もともと「ボランティア」という言葉が一般化し出したのは、1960年代~70年代に、公害に対する反対運動や被害者救済のための運動が活発化してからのこと。ここでの「ボランティア」は組織的に反対運動、要求運動を展開することも多かった。90年代ごろになり、ようやく地域の中でゆるやかに連帯し、地域を明るくすることに力点を置いたボランティアも登場してきたが、当時はまだ「ボランティア=行政に要求する人たち」といった認識を持っている人たちも少なくはなかった。

そんな笹山さんに、「ボランティアの実態を知ってほしい」と思った市役所職員を通じて紹介されたのが僕だった。

僕は笹山さんを連れて、避難所などを練り歩いた。そのうちに、笹山さんも僕の想い、ボランティアの人たちの想いを理解し、応援してくれるようになった。兵庫県知事と神戸市長という2トップが僕を理解し、応援してくれることで、そのほかの県庁・市役所の職員も僕および「がんばろう!!神戸」の存在を無下にはできなくなった。

市役所とボランティア団体、連携の裏側で

行政にとっても、メディアを使って支援を呼びかける僕の存在が無視できなかったというのもあるだろうし、行政への要求運動を展開しているわけでも、不満を表立って言うわけでもなかったことも協働につながった要因だと思う。また僕が避難所になどに住む住民に対して「自分たちでできることは自分たちでやろう。どうしてもできないことだけ行政に相談しよう」というスタンスでいたことも、行政にとってはありがたかったのだろう。

一部のボランティアは、僕のようなスタンスではなかった。たとえば代表的なのは、学生時代から反戦運動を展開していた河村宗治郎さん。彼は発災から約5年間にわたり神戸市内の本町公園で暮らし、その間に被災された方たちへの支援を訴え続ける「兵庫県被災者連絡会」を立ち上げた。阪神淡路大震災は、兵庫県や神戸市の想定をはるかに超える大きな被害をもたらした。そのため市が設置した避難所に入ることができず、公園で避難生活を送らざるを得ない人も多かった。そのような場所には救援物資もなかなか行き渡らない。そこで河村さんは県

や神戸市に対し、避難所の環境改善や住まいの確保などを訴えてきた。

河村氏としては、「一人の被災者も取り残さない」と、徹底して弱者の目線から市に訴え続けた。対して神戸市としては、マニュアルにない行動を取ることができない。両者の溝は埋まるはずがない。そんな中で河村氏はどんどんネットワークを構築し、その影響力を高めていった。

神戸市は１９９６年に「元気アップ神戸」という名の市民運動推進協議会を発足させることを決めた。その目的としては、「各種の地域団体組織が相互に連携することで被災市民の自立支援・生活復興のための息の長い取り組みとしての市民運動を展開することにより、被災市民ばかりでなく市民全体が心の元気を取り戻し、一日も早く神戸の復興が実現すること」を挙げている。市民運動推進協議会では、各区の社会福祉協議会やＰＴＡ協議会、医師会など、半ばオフィシャルな団体が名を連ねた。「がんばろう‼神戸」はここに名こそ連ねてはいないが、震災モニュメントマップや追悼の集いなど、さまざまな企画で連携をした。

さらに神戸市は、元気アップ神戸のプロジェクトに付けられた予算を活用して、避難所や仮設住宅で生活する人たちと市役所を結ぶ「神戸・市民交流会」を立ち上げたいと考えた。もちろんその主な目的は、震災後１年が経過しても元の生活に戻ることができない市民の声を聞くところにあった。ただしそこには、「河村宗治郎の影響力は大きいが、河村宗治郎の声だけが市民の声ではないことを示したい」という思いもあった。

僕自身は決して〝親神戸市〟の立場ではない。河村さんの気持ちもよくわかる。しかし社会を変えていくには要求するだけでは駄目で、市役所との協働は欠かせないとの思いから、僕はあえて連携の道を選んだ。

そんな僕だからこそ、神戸・市民交流会をつくるにあたって、「どうしたらいいんでしょうか」といった相談を市役所側から持ち掛けられた。相談をしてきたのは、当時広聴課課長だった永井秀憲さんだ。永井さんは笹山市長の信頼も厚く、庁内から広く頼りにされている人物だった。

神戸市の考えとしては、神戸・市民交流会には親神戸市の団体のみを集め、河村さんの兵庫県被災者連絡会ら〝反神戸市〟の団体は入れない、という方向性だった。市としては、この市民運動推進協議会はあくまで「対話」の場であり、「いま被災された方たちはどういう状況にあり、何に困っているのか」をそれぞれの団体が話し合う場にしたいとの意向を持って行った。つまり、「要求」をされては困るのだ。

僕はその意見に反対した。避難所や仮設住宅で生活する人たちの声を聞く場に、河村さんがいないのはどう考えてもおかしい。そんなことをすればより対立が深まるだけだと考えたからだ。

そうして結局河村さんの団体に入ってもらう、もらわないの議論は何ら結論が出ないまま、気が付けば市民交流会が設立される前日になってしまった。既定路線で進めようとする神戸市に対し、「じゃあ、河村さんたちが要求しなければいいんですね。僕が説得してきます」と役所を飛び出し、公園で生活する河村さんのもとを訪ねた。

僕は挨拶もそこそこに、頭を下げながら言った。

「今度神戸市は、仮設住宅などに住む人々の声を伝えることを目的とした『神戸・市民交流会』を作ります。ただし河村さんたちはそのメンバーには入っていません。でも僕としては神戸のまちをよくするために一緒に入ってほしいと思っています。『公園にいる人たちはこんなことに困っている』『避難所ではこんな課題がある』といった意見を、河村さんならたくさん出せるからです」

そのうえで、一点だけお願いしたいことがある、と告げた。

「神戸市とうまくやっていくために、市民交流会においては一切要求をしないでほしいんです。正直に言えば、僕が『河村さんを入れたい』と言ったところ、神戸市の幹部は『絶対にできるわけがない』と言いました。そこを僕は『いや、できます』と啖呵を切って出てきたんです。

河村さん、どうしますか」

「河村さんとは、そのときが初対面だった。周りの幹部が「そんなことできるわけないやろ」「役所からいくらもらってるんだ」などと野次を飛ばす中、河村さんは「あんたもいい度胸をしてるね」と笑った。しばらくにらみ合いの時間が続いた後、河村さんは「わかった。いいよ。その場では要求はしない」と言ってくれた。僕は「ありがとうございます」と再度深く頭を下げると、河村さんも頭を下げた。

この〝成果〟を市役所に持ち帰って市役所の幹部に伝えたところ、「協力できるわけがない」と考えていた幹部たちは驚きを隠さなかった。しかし、喧々諤々の議論を繰り広げた結果、「やはり一緒にはできない」との結論に至った。「河村さんに頭まで下げさせたんだぞ」と言っても、行政には通用しない。「もうひっくり返すことはできない」の一点張りだった。

建前としては、「すでに決まった決定をひっくり返せない」だったが、その裏には、「そうは言っても、市民交流会の会合の場で何か要求をされたらたまったものではない」という思いが透けて見えていた。そうして僕はまた本町公園まで引き返し、「宗治郎さん。すみません。明日は来ないでください。神戸市の腰が引けちゃって、駄目でした」と素直に謝罪した。河村さんも幹部も「そら見たことか」と大笑いだった。

その後河村さんと僕は、歩みを同じくはしていない。ただ、河村さんの側近の幹部たちが「堀内は市役所に取り込まれた」と否定的に僕を見る中、「いや、違う。あいつは取り込まれているわけではないよ。役所を変えようとしているんだよ」と言ってくれていたと、野党の議員を通して聞いたことがある。「役所を変える」と喧伝していたわけではなかったのに、ほとんど会ったこともない河村さんには見抜かれていたのかと、何とも不思議な気持ちになった。

なお河村さんは２０１８年、81歳で死去する。毎年1月17日には神戸市役所前に集い、市が被災された方たちのために期限付きで貸し出した借り上げ復興住宅の退去を巡って抗議行動を行っており、その準備の最中の死だった。僕も葬式には顔を出したが、最後まで自分を貫き通した男だった。

さて、「神戸・市民交流会」に話を戻そう。結局、市民交流会の代表は、中央区で被災した中島正義さんに決まった。「仮設内外の被災された方たちの声を神戸市に届ける」という意味で、神戸市の求めている人材要件ともぴたりと一致した。そして幹部職員、一般市民、仮設住宅や避難所で生活している人を呼び、はじめての市民交流会を実施した。市民交流会自体は新聞で小さく掲載されるかどうかといったテーマだが、その裏にはこんなゴタゴタもあったのだ。

ちなみに神戸市と神戸・市民交流会の協働自体は比較的うまくいった。ただ神戸市はこの成功に味を占め、第2、第3の市民団体を作ろうとしたが、それはなかなかうまくはいかなかった。震災から日が経てば経つほど、避難生活を送っている人たちの持つ行政への怒りは増してくる。そうすると必然的に、「もっとこうしてほしい」といった要求が出されるようになってくるからだ。

ちなみに僕がここまで神戸市に寄り添ったのは、「中に入り込む」目的を達成するためだけではない。市役所の中にいる少数の志のある職員のためでもあった。発災直後、「がんばろう!!神戸」にも、「僕に何かできることはありませんか」と訪ねてきてくれる市の職員がいて、彼は本当にがんばってくれた。

最初から彼が市の職員だと知っていたわけではなく、活動の中で親交を深めていくうちに勤務先が神戸市役所であることを自然と知った。僕が一時「売名行為だ」という誹謗中傷に疲れ果て、前に出るのをためらった時期も、彼が「がんばろう!!神戸」を支えてくれた。彼のような思いを持つ職員がいる神戸市役所を、もっとよい組織にしてやりたいという気持ちが、僕の中に芽生えていた。

面白いことに、神戸市役所の中でも課ごとにカラーがあって、彼が所属する環境局を始め、交通局や水道局など、いわゆる「現業職員」と呼ばれる職員たちは非常に僕を応援してくれた。

環境局のある事業所には職員用にお風呂が備え付けられていたが、「これだけ神戸のためにがんばってくれてる堀内さんなんだから、ここでお風呂入っていっても誰も文句は言いませんよ」などと言ってくれることもあった。彼らにとって、僕は自ら汗を流して神戸のまちのために動いている〝仲間〟だった。そうしてさらに交流を深め、また理解者が増えていき……といったサイクルが生まれていた。

行政の中に協働の機運が生まれる

さて、震災発災から数年。僕は相変わらずボランティア活動に従事しつつ、何とか市役所を変えようと奮闘していた。しかしその試みが大成功を収めたかというと、決してそこまでは言えない。「がんばろう!!神戸」にいの一番にかけつけてくれた職員のように、僕を応援し、自分も何とかしようと考えるようになった職員も多かったけれど、それは組織を動かすまでの力にはならなかった。

そもそも役所の職員は3年単位で異動することが多い。すると1年目はまず引継ぎの期間。ようやく2年目に少し動けるようになったところで、3年目になるともう次の引継ぎの準備が始まる。結局何も変わらない、というより変えられる仕組みになっていない。この仕組みまでを変えることは、僕ではできなかった。

行政の頭の固さには、しばしばへきえきとさせられた。たとえば震災関連の委員会を県が被災自治体とともに開くと言うのでそのメンバーを見ると、肝心の神戸市が入っていない。「神戸市がいなければ復興の議論なんてできないだろう」と僕が言っても、「神戸市は政令指定都市なので、別なんです」との論理を掲げる。僕が散々「おかしい」と言ったことが少しは功を奏したのかはわからないが、その後神戸市も追加されたものの、一事が万事そんな感じだった。

しかも役所の人間と言っても、本当に市民のほうを向いている役人というのは決して多くない。入庁の動機は「市民のため」より「自分の生活の安定のため」である人間のほうがよっぽど多いし、入庁してからは偉くなる人間ほど市長であったり各部長であったりと上ばかりを見ている。「市民のために何ができるか」「じゃあそのために自分はどう動けばいいのか」を考える仕組みもなければ、動ける仕組みもなく、さらにそういう人間は出世できない。

基本的に市役所は、ジェネラリストを育成する機関だ。僕としては、これも変えていくべきだと思っている。もちろん自分の適性もよくわかっていない最初のうちはいくつかの部署を経験するのもいいかもしれないが、人には適性がある。一通り回った後は、「俺はまちづくりをやりたい」「私は子どもに関する業務がしたい」といった確固たる思いが出てくる人もいるだろう。そうしたらその人には、その領域でのスペシャリストになれる道を示すべきではないのだろうか。もちろん、これまで通りジェネラリストの道を歩んでもいい。大事なのは、ジェネラリストとスペシャリストを選ぶことができる選択肢があること。どちらに進んだとしても、その人のキャリアが損なわれないことだろう。

そんな思いはありつつ、当初目的達成のための手段として設定していた「神戸市の中に入り込む」こと自体は一定の成功をみた。神戸市の幹部職員らと気軽に話せる関係性も構築できるようになっていった。そうした地道な努力も手伝って、これまでは〝市民を寄せつけない〟行政だったところ、「これからの行政には、市民と協働していくことが必要である」という認識も生まれてきた。

1998年1月、神戸市は災害や犯罪、事故などから自分の暮らしを守り、安全なまちを創造していくための決意を示した「神戸市民の安全に推進に関する条例」を制定した。市や事業者、市民それぞれの立場で震災での教訓を日常生活に生かし、後の世代に伝えていくとの姿勢を明文化したものだ。

実はこの前文は、僕が考えた。当時、僕のことを応援してくれた市民局長の梶本日出夫さんから頼まれたからだ。「僕でいいんですか」と驚いたが、「これからの役所には、堀内さんが言うような視点が必要だと思いますから」と押し切られた。前文は次のようになっている。

「神戸市民の安全の推進に関する条例
前文
平成7年1月17日に発生した大地震は、かけがえのない多くの生命を一瞬のうちに奪い、私たちの愛するまち神戸に未曾有の大被害をもたらした。震災によって私たちは、自然のもつ力の大きさを改めて思い知らされた。
一方、あの極限の状況のなかで、私たちは、隣人へのやさしさや思いやりを忘れなかった。私たちは、このことを誇りに思う。あの日あの時の体験は、助け合いの精神の輝きが、いかなる危機にも対処できる勇気と英知になりうることを教えてくれた。
災害はいつまた私たちのまちを襲うかも知れない。災害のみならず、繰り返される犯罪や事故もまた、私たちの生活の安全と安心を脅かしている。私たちのまちを、くらしを、いのちを、私たち自身の手で守るために、今こそすべての者が目標を共有し、それぞれの役割を自覚し、力を合わせて安全なまちを築いていかなければならない。そして、後の世代にその成果と協働の精神を伝えていくこと、これこそが、国の内外から温かい支援と励ましを受けてきた私たち神戸市民に与えられた使命である。
ここに、この神戸を、自然と共生し、誰もが心から愛着をもてるまち、豊かな市民生活をはぐくむまち、そして誰もが安心して暮らすことができる安全なまちとして創造していくための決意を示すため、この条例を制定する」

復興イベントの副会長に名乗りを上げる

条例が制定された半年後の１９９８年7月には、「神戸21世紀・復興記念事業懇話会」が設置された。これは震災6年となる２００1年に、復興した神戸のまちを披露するとともに、日本全国から受けた支援への感謝を示すイベントを開催しようというものだ。大がかりなイベントとなるだけに、行政だけでは難しいということで、大きなイベントの運営に長けた電通や博報堂が入り込んだ。

大手の広告代理店は、形だけは綺麗な提案を出してくる。僕も市役所の幹部から彼らが提出してきた企画を見せてもらったが、それは僕からすれば、非常に空疎に感じられる代物だった。まずタイトルが「神戸元気まつり」。ふざけるんじゃない、と僕は思った。2001年といえば、まだ震災から6年しか経っていない。傷が癒えていない人もたくさんいる。そんな中で「神戸は元気になりました」とアピールすることは適切ではないだろう。そんな素直な感想を伝えた。結局そのタイトル案はボツになり、「神戸21世紀・復興記念事業（愛称：KOBE2001ひと・まち・みらい）」と決まった。

個人的には「復興」という言葉も好きではない。一度壊れたまちが元に戻ることはあり得ないのだから。本当は「再生」のほうがいい。ただそれでも「神戸元気まつり」よりは幾分もマシだろう。

復興事業の中身について、市役所の幹部たちは「どうしたらいいと思う？」と僕に聞いてきてくれた。僕は思いつきで、「『神戸からの感謝の手紙』なんていいんじゃないか」と言った。

「震災の発災時には、全国の人が神戸を助けてくれた。だから次は、神戸から全国のみなさんに向けて感謝の手紙を送るんだ。心のこもった手紙をもらって嬉しくない人はいない。手紙を見て、読んだ人は『神戸はここまで再生が進んだのか』と思うだろう。そしてひょっとしたら、その手紙を見て神戸を訪ねてくれる人も出てくるかもしれない。人の縁の大切さに気づいた神戸だからこそ、人の縁を大事にするイベントをすべきじゃないのか」

そんなことを言うと、その幹部はこの復興イベントの指揮を執る山下彰啓助役のもとまでこの話を持って行ってくれ、山下さんと会うことになった。「次期神戸市長」との呼び声も高かった山下さんは、助役室で改めて僕の話を聞くと、「本当にそんなことができるのか」と懐疑的な姿勢を示した。僕はとっさに「できます！　僕が言えば絶対にできる」とうそぶいた。絶対にできると確信があったわけではない。ここでも、深く考えるより先に、口から先に言葉が出てしまったのだ。

すると山下さんは、「わかった」と言ってくれた。驚いたのはほかの幹部連中だ。市役所の職員でも、電通や博報堂でもない、いちボランティア団体の代表、いち俳優が言ったことが本当にそのまま通るとは、誰もとても思っていなかった。

ただ山下さんとしては、もともと復興イベントを市職員と民間企業からの出向者だけでなく、ボランティアなど市民も参画させようという心づもりを持っていた。そんな中で、県や市ともつながりがあり、全国的にもほんの少しは知られている僕の存在がうってつけだったというわけだ。

そこで山下さんからさらに、「ぜひ堀内さんも『神戸21世紀・復興記念事業推進協議会』のメンバーに入ってほしい」と打診を受けた。会長は笹山市長。ただ当初の打診では、あくまで理事として参画するさまざまな団体の代表のうちの一人ということだった。僕は、「山下さん直々に請われたのであれば、笹山さんや山下さんを身近なところからサポートする副会長じゃなければやりません」とさらに大口を叩いてみた。

肩書を欲したわけではない。僕としては、「理事の一人」では僕の声、ひいては市民の声が結局のところ反映されないのではないかと危惧を抱いたからだ。またこの復興事業は庁内で、「山下助役を市長にするためのイベントだ」と目されていた向きもあった。復興事業が展開されるのは2001年。「震災6年」というキリがいいわけでもない時期だ。

そして2001年に何があるかというと、神戸市長選。市長選では、「震災からの復興の陣頭指揮を執った笹山市長が勇退され、新たに山下助役を市長に担ぐ」というのが既定路線となっていた。復興事業は2001年1月から9月にかけて各種イベントが繰り広げられる予定となっていて、市長選は2001年10月。わかりやすすぎる構図だった。

復興事業をすれば確かに神戸市民を元気づけ、同時に全国の人に感謝の気持ちを示すこともできるとは思ったが、「そんな市長選のためのイベントにまんまと乗りたくはない」との気持ちもあった。そんな思いから出た「副会長ならやります」だった。

すると、なんとその提案も通ってしまった。言ってみるものだ。結局体制や権力を嫌っていた僕が、「21世紀・復興記念事業推進協議会副会長」たる大層な肩書を頂くことになってしまったのだから、人生はわからない。

そこで、「これはもうやるしかない」と僕も腹を括った。「副会長」と入った名刺を2万枚刷り、神戸の街じゅうを歩き回った。神戸市民が主体的にこの事業に参画しなければ意味がないと思ったからだ。

「2001年、神戸市は大々的に復興記念事業をします。本来は笹山がみなさんにご説明するべきですが、代わりに副会長の僕が来ました。僕は市民側の代表として、この事業にかかわることになりました。市民のみなさんがやりたいと思うことをできる限りやっていきたいと思っているので、ぜひとも力を貸してください」

2万枚の名刺はすべて配り終え、追加で発注するまでに至った。もはや選挙運動さながらに、僕は市民一人ひとりに訴えかけた。「がんばろう!!神戸」の活動がそれなりに認知していたこともあり、多くの市民が僕を応援してくれた。「おう、堀内さんがやるんか！　ほんなら応援するわ！」「自分たちのイベントになるんですね」などと言ってくれた人も多くいた。そういった市民からの一言が、何よりうれしかった。

天皇陛下にも届いたはるかのひまわり

復興記念事業のシンボルは「ひまわり」だった。これは「はるかのひまわり」から採用したものだ。震災で亡くなった犠牲者の一人に、当時小学6年生だった加藤はるかちゃんがいた。震災が起きた年の夏、はるかちゃんが住んでいた空き地に、ひまわりの花が咲いた。はるかちゃんが飼っていたハムスターと、隣の家で飼っていたオウムの餌であったひまわりの種が地震で地中に蒔かれ、芽吹いたのだ。

ご家族や地域の人たちはそのひまわりを「はるかちゃんの生まれ変わりだ」と丹念に育て、ひまわりを通じて命の尊さを伝える活動が始まった。このひまわりの種は東日本大震災や能登半島地震の被災地にも送られ、いまや国内外の多くの場所でその花を咲かせている。

僕ははるかのひまわりが話題になってからほどなくして、「がれきに花を咲かせる」活動を展開していた天川佳美さんを通じて、はるかちゃんのお母さんと知り合った。

ひまわりは太陽に向かって力強く成長する、人に前向きな力を与えてくれる花だ。復興記念事業に着手した僕は、「復興記念事業は悲しさを呼び起こすものではあってはならない。そうだ、『はるかのひまわり』をシンボルフラワーにしよう」と思いついた。お母さんに相談したところ、二つ返事で了解してくれた。役所の職員だけでなく、市長も出張時にはひまわりの種を持っていき、全国各地で配った。

この「はるかのひまわり」は、何とその後、当時の天皇皇后両陛下にも届いた。2005年、県が10周年の記念行事に際して天皇皇后両陛下と震災のご遺族との面談をセッティングする際、僕からご遺族の女の子に「はるかのひまわりを両陛下に差し出してみてほしい」とお願いしたのだ。女の子は了承してくれたものの、県の職員は「絶対受け取らないはずです」と言い切った。ところが面談後、すぐにその職員から電話がかかってきて、「堀内さん！　受け取ってくれました」と教えてくれた。

これだけで上出来だと思っていたところ、その年の夏にはなんと宮内庁から連絡があった。「ひまわりが咲きました」と言うのである。僕は興奮して「ぜひ見に行かせてください」とお願いした。美智子さまは一般人の立ち入りが制限されているご自身のお住まいの近くと、一般人でも立ち入ることのできるエリアの両方にひまわりを植えてくれたとのことで、後者のひまわりをこの目で見に行った。

それから毎年、皇居では「はるかのひまわり」が咲いている。2019年には、歌会始において天皇陛下が「贈られし　ひまはりの種は　生え揃ひ　葉を広げゆく　初夏の光に」と詠んでくださった。

はるかちゃんのお姉さんである菊池いつかさんは、ＨＡＮＤＳの一員でもある。いつかさんは一時期、妹を亡くした悲しみとともに、「母親は死んだ妹しか見ていない」との嫉妬心にも似た気持ちに苦しめられた。ひまわりを見ることすらもつらい時期があったという。

だがそんないつかさんを変えたのも、「はるかのひまわり」だった。両親の前では泣くこともできなかった彼女に、僕は「人前でも泣けばいい。それは恥ずかしいとじゃない。かっこつけてないで泣け」と言った。そして彼女は、はるかのひまわりを通じて同じような悲しみを抱える人たちと出会ううちに、いつしか自然に泣くことができるようになった。

総額5億円を超える企画が通った

こうして僕は復興記念事業に向けて奔走するわけだが、その過程で残念なこともあった。事業の陣頭指揮を執っていた山下さんが復興記念事業を前に、がんでお亡くなりになったのだ。まだ59歳という若さだった。最後に会ったのは、事務局が入る「センタープラザ」という商業施設の地下にあった蕎麦屋だった。握手をするとすごく手が痩せていて驚いたものだが、その一月後に亡くなったと聞いてさらに驚いた。

山下さんは8月8日に亡くなるのだが、7月末まで仕事を続けていたという。まさに神戸のまちに命をささげた人だった。僕を副会長に抜てきしたり僕の意見を採用したりしてくれたのも、がんに侵されたからこそ役所の論理を考えず、本当に神戸のためになると思った案を進めてくれたのではないかと思ったこともある。

山下助役の側近だった、元広聴課課長で復興記念事業事務局の次長を務める永井さんも泣きに泣いていた。当時、永井さんは神戸市から出向という形を取っていた。「山下さんがいなくなれば、もう僕を引っ張ってくれる人はいません」と、自分の未来にも絶望していた。そこで僕は、「復興事業を成功させて、各部局から『永井さん、ぜひうちに来てください！』と僕が言わせてみせる。成功に向け、ともにがんばろう！」と声をかけた。

今回の復興記念事業は、神戸市としても市民が本当の形で参画する〝新しい形〟のイベントだった。役所からの出向者はなかなか行政的な発想から抜け出せていなかったが、山下さんの死により、「山下さんのためにもよいものをつくらなければならない」と決意したようだった。何か吹っ切れたかのように、「どんなイベントをすれば市民のためになるのか」「神戸から感謝を伝えられるのか」「市民の協働と参画とは具体的にどういうことを指すのか」を、真剣に考えるようになっていった。僕と考え方が異なる職員もいたが、ときに対立しながらも何とか進めていった。

復興記念事業当日までの過程は、決して平たんなものではなかった。僕は何度も行政や電通・博報堂が出してきた案に「こんなんじゃだめだ」と異を唱えた。企画案を破り捨てたこともある。電通や博報堂の担当者もまさか僕に却下されると思わず、その会議の空気は張り詰めた。でも結局、僕の意見が通った。

たとえば、みなとのもり公園（神戸震災復興記念公園）の整備計画。神戸の中心地・三宮にもほど近いこの公園を、神戸市は当初普通の公園として整備する計画を立てていた。そこで僕は、「木を植えて、100年かけて森をつくっていこう」との計画をぶち上げた。

もともと神戸市街の背後にそびえる六甲山系は、江戸時代に薪の確保や松の根から油を取るため、山の樹木が伐採され、荒れ果てた山になっていた。しかし明治時代には神戸港の開港や外国人が居住する居留地が設置されたこともあって人口が急激に増え、生活用水の水質が悪化し、上水道の整備が必要になった。そこで六甲山系に貯水池をつくる計画が進められたのだが、大雨が降れば貯水池に泥水が流入してしまう状況にあった。そのため神戸市は、大規模な造林を行うことを決め、1902年から植林作業に踏み切った。

震災では六甲山系も山崩れなど大きな被害を受けたが、木を植えることで木の根がからみあい、崩壊を防ぐ役割を果たしてくれた。そのことを考えたとき、阪神淡路大震災から生き残った私たちだからこそ、「100年後の神戸」のために、被害の拡大を救ってくれた木を植えることが重要なのではないかと考えた。そしてその木々たちは、神戸の再生、発展とともに成長していく。もちろん実際に100年後どうなっているかは、僕たちは誰も見ることができない。でもだからこそやる価値があると訴えた。

ほかには「小学校の校庭を芝生にしたい」というプロジェクトも進んだ。校庭が芝生であれば、こけてもケガをしない。砂にまみれることもない。NPO法人芝生スピリットの代表の奥さんが提案した「小学校の校庭を緑いっぱいの芝生に」との提案とも重なり、僕が「子どもたちに『震災があったからこの芝生をつくることができたんだ』と伝えることも、復興の一つの物語となる」と強く後押ししたことで実現した。このキックオフイベントは1999年時点で開催している。

僕の提案が採用されたのは、そこに「物語性」があったからだと思っている。行政や電通、博報堂が出してきた計画は、見栄えこそいいかもしれないが何の独創性もなく、イベントを開いたとしても後に何も残らないもの、何のメッセージ性も感じられないものが多かった。

僕の提案は、感謝からの手紙にしろ森をつくっていく計画にしろ、物語性があると自負している。それは物語性を大事にしていた父の影響もあるだろう。物語には、人の心を癒す力があると信じていた。復興記念事業全体で60億円ほどの予算が計上されたうち、僕の提案した事業の予算は全部で5～6億円ほど。こんなことはとてもいちボランティア団体では難しい。腕が鳴った。

もちろん、「すべてが僕の言う通り」というわけにはいくら何でもいかない。行政との確執もあった。行政は「結果」がすべて。でも市民たちは結果だけを求めているのではない。結果に至る「過程」も大事なのだ。２００１年の神戸新聞には、当時の様子が示されている。

衝突の連続だった。「大切なのは過程だ。それじゃ意味がない」声を荒らげたのはボランティア団体「がんばろう!!神戸」代表で俳優の堀内正美（50）だった。神戸・三宮、センタープラザビル十階。21世紀・復興記念事業事務局の空気が張りつめた。相手は事務局次長、永井秀憲（48）。問題はイベント企画の練り方だった。「派手な従来型のイベントばかり。企画段階から市民が考えてこそ、市民参画だ」。堀内は納得できなかった。

震災で寄せられた支援に市民主体で感謝を伝えよう――。「千人太鼓」や「ポートアイランドの花畑」など事業は約四百。事務局は昨年一月スタートした。西の部屋に神戸市職員や企業出向組三十人。市民から募ったスタッフ三十人は東の部屋。廊下をはさみ、微妙な温度差があった。事業推進協議会の副会長として市民側を束ねるのが堀内。市側の永井は「企画を練り上げようと、自分で抱え込む行政マンの姿が『隠している』と映ったようだ」と当初を振り返る。

企画案は二転三転することも度々だった。

「復興記念事業の発注は八年前のアーバンリゾートフェアの五分の一。かかる手間は倍以上」と、広告代理店電通の担当者は言う。

イベントでイメージを発信してきた神戸。一九八一年、企業パビリオンを集めたポートピア博は地方博のさきがけといわれた。土地開発と企業誘致に支えられた前の宮崎市政の絶頂期。その後四年に一度の事業は「市長選に向けた人集め」と批判も浴びてきた。

笹山市政に移り、初の大型イベントが九三年のアーバンリゾートフェアだった。企業協賛も含めた事業規模は、今の復興記念事業の倍、百三十五億円だった。

「アーバンリゾートも理念は市民参加」と、復興記念事業でも企画部長を務める松添雄介(47)は言う。「しかし、中身は代理店主導のレールに市民を乗せていた」。同市にとり、企画から市民がかかわるやり方は今回が初体験といえた。

事業を支えた財政が、震災を経てひっ迫度を増した。一方でボランティアや市民の力を見せつけたのが、その震災。時代の流れのなかで行き着いたのが「市民主体の事業展開」だった。

「試してみよか」。永井がゴーサインを出した時の言葉を、堀内は忘れない。

「神戸からありがとう」を全国に伝える市民ランナーの企画案が浮かんだ昨夏。「ボランティアに受け入れを頼めば、輪が広がる」ともちかけた時だった。「市民と向き合うなかで柔らかな思考が必要になってきた」と永井は言う。歯車がようやくかみ合い始めた。

市長選目当て―という批判が付きまとう大型イベント。神戸空港反対にもかかわった長野県知事の田中康夫からは「空虚なセレモニー」との指摘も浴びた。

だからこそ、事務局内のぶつかり合いを大事にしたいという思いが広がる。「戸惑っていたが、違う空気が流れ始めた。次代に成果をつなげたい」と堀内。意義を見つめ直すきっかけに、批判も位置づける。

集客という宿命を担いつつ、事務局の摸索が続く。「事業を一からつくり上げるノウハウが役所に蓄積されていなかった」と永井は言う。それは外部発注に頼ってきたイベント行政のツケともいえた。（敬称略）

余談だが、この記事が掲載された後、庁内では「永井、お前はどうして堀内なんかに負けているんだ」と非難の的になったという。

希望の灯りから始まる復興記念事業

２００１年1月17日、僕たちが精魂を込めてつくり上げた神戸21世紀・復興記念事業がスタートした。9月末までの２５７日間にかけ、実に８００もの大小さまざまなイベントを開催した。その幕上げとなったのが、「希望の灯り」を全国へと届けるイベントだ。

午前5時46分、白木さんが市民ランナーに希望の灯りを分け与え、俳優の竹下景子さんが女子中学生のつくった詩を朗読。約50人のランナーがまず約1・5キロ先のメリケンパークまで走り、オープニングイベントに参加。イベントが終わると、ランナーたちは希望の灯りを全国に届けるため、声援を受けながらまた走り出していく。

メリケンパークには、1万人の市民が集結した。事務局のスタッフの中には、すでに涙している者もいた。僕は「泣くのはまだ早いだろ。始まったばかりだ」と言った。

市民ランナーは3、4人のグループにわかれ、リレー形式で47都道府県計６５００ｋｍを走った。このリレーを実施するに当たっては、懸念もあった。前述の神戸新聞の記事にもあったが、長野県の田中康夫知事（当時）は、これらの復興事業を「空疎なセレモニー」だと批判した。この批判に関しては神戸空港問題も絡むのだが、それはここでは一旦横に置こう。

僕たち事務局や多くの神戸市民は、その批判こそが空疎であると知っていた。しかし全国的に見れば、田中知事に同意する人もいる。そこで、「復興事業に批判的な人物がランナーに石を投げつけるのではないか」といった心配の声も上がっていたのだ。

しかしだからこそ僕たちは、「空疎でないことを見せつけよう。ランナーたちを絶対に守ろう」とさらに燃え上がった。何かをすれば、批判は必ず伴う。規模が大きくなればなるほど、有名になればなるほど批判の声も大きくなる。ならばその批判すらエネルギーに変えてしまおう。そんな思いで、僕たちはさらに団結した。

僕が副会長に就任するきっかけとなった「感謝の手紙」も実行に移した。まずは東京の日本絵手紙協会に赴き「神戸に絵手紙を30万枚送ってください」とお願いした。

「は？　30万枚ですか？」

返ってきたのは当然の反応だった。そこで僕は趣旨を説明した。

「震災の際に支援してくれたみなさんに感謝の手紙を出したいけれど、誰に出せばいいかわかりません。そこで、手紙を送っていただいたみなさんにお礼の手紙を出す形を取りたいんです」。

そう説明すると、日本絵手紙協会の担当者は「わかりました！」と快く引き受けてくれた。事務局宛に30万枚も手紙が来るもんだから、配達に来る郵便局員も「なんかすごいことをしていますね」と思わず口にするくらいだった。

日本全国から寄せられた手紙は、神戸じゅうの店に5〜6枚ずつ配布した。ホテルのロビーにも掲示してもらった。そしてその手紙に対する返事を一人ひとりに書いてもらった。文面は自由だが、「震災のときは本当にありがとうございました。もし神戸に立ち寄る際には、ぜひお立ち寄りください」といったことを書く人が多かった。

そんな手紙を出した結果、復興記念事業が終了した後も多くの神戸市民から、「堀内さん、手紙を出した人がうちの店に来てくれたんですよ」といった声が寄せられた。店は肉屋に金物屋、靴屋など、本当に市民に向けたお店だ。それでもわざわざ神戸に足を運んでくれた人が大勢いたことが、僕は嬉しかった。

またこの際、「手紙を出すんだったら切手もほしいよな」との思いから、「KOBE2001　ひと・

まち・みらい」記念切手も発売した。もともと別のプロジェクトとして切手を発売することは決まっていたものの、その切手では震災復興の心の糧になるようにと中国から王子動物園に借り受けた2頭のパンダ・コウコウとタンタンが描かれる予定だった。しかし僕が「神戸のまちなみを描くべきだ」と強く主張した結果、パンダと神戸港から見た神戸のまちなみの切手を1枚ずつ、セットで売り出すことが決まった。記念切手が発売されることは、新聞の1面で紹介された。

この切手のグラフィックデザイナーは、僕が推挙した当時24歳の若者に決まった。彼はそのほんの数年前に神戸芸術工科大学を出たばかり。たまたま彼のポスターを見かけ、僕の心に残っていたのだ。そんなに若いデザイナーがこれだけ大きな仕事をすることに、異論を唱える人もいた。しかし人の心を動かすのに、年齢は関係ない。彼自身も大きなプロジェクトに興奮していた。僕は彼に、「嬉しいと思うなら、これからも神戸のために描いてほしい」とお願いした。

この記念切手は全国で1000万枚以上発売され、9億円以上を売り上げた。「郵便物」というものの存在感が大きかったころだから達成できた話だろう。

芝生化プロジェクトでは、モデル校として神戸市立桜の宮小学校を選出した。もちろん校庭を芝生化することは「児童がけがをしにくくなる」といったメリットだけでなくデメリットもある。大きなデメリットは人手と費用がかかることだ。芝生に水をやり、肥料を散布し、成長したら刈り込む……。ただ僕としては、その労力すらメリットになりうると考えていた。

たとえば芝生を細かなブロックにわけ、1枚1枚を子どもたちや地域の人たちで管理する。そうすればそこまで大きな労力はかからないうえ、周囲とのコミュニケーションも生まれる。手入れができていない芝生があれば、「ついでにやっておいてあげよう」といった「お互い様」の精神も発揮される。

2024年現在も、桜の宮小学校では芝生が維持されている。ただ、それ以外の小学校でもこのプロジェクトを進めたが、ほかはほとんど砂のグラウンドに戻ってしまった。やはり管理が大変だったことが大きいのだが、そこには2001年に起きた大阪教育大学付属池田小学校で起きた児童殺傷事件の影響も少なくなかったと感じている。あの事件以降、小学校は門を閉ざし、地域の住民を受け入れる選択肢がなくなったからだ。

なお、みなとのもり公園に関してだけは、復興記念事業のタイミングでは間に合っていない。2000年に「阪神・淡路大震災記念プロジェクト」として国の復興特定事業に認定されると、2002～03年にかけてワークショップを開催し、2005年度に基本設計懇話会を開催。検討会を経て、震災15年となる2010年1月17日にようやくオープンした。公園には芝生広場や語り継ぎ広場を設置し、非常用便所など防災機能も強化している。

「選挙に出ないでください」

少し前に、復興記念事業が山下助役の選挙のためのイベントの側面もあったと述べた。しかし、市長候補と目されていた山下さんは亡くなってしまった。そこで次に白羽の矢が立ったのが矢田立郎さんだった。矢田さんは高校卒業後に入庁し、働きながら関西大学を卒業。保健福祉局長や社会福祉協議会専務理事の経歴を持ち、福祉に強いイメージがついていた。

僕としては「震災復興でも活躍された別の助役が次の市長にいいんじゃないか」と言ってみたものの、市幹部は「土建系の出身は選挙で勝てないから。福祉はやっぱりイメージがいいんだよ」などと言い放った。神戸市としては矢田さんが「無難な選定」だったと言える。

僕自身は、そんな動きを大した感傷も抱かずにただ見つめていた。そんなある日、僕は市役所の幹部連中から「ご飯でもどうですか」と誘われた。誘いに乗って会食の席に着くと、どうも空気が重い。そして多少の雑談を交わしたころで、ある幹部が「さて堀内さん、選挙はどうされるんですか」と聞いてきた。僕は本心から、「選挙って投票が面倒だから、僕はあんまり好きじゃないんだよね」と答えた。

するとか幹部は、「うちは矢田でいきたいんです」と言う。「あぁ、そうですか」と言っても、「で、どうなんですか」と言う。話がかみ合わない。実はそのころ、「堀内正美が神戸市長選に出るらしい」という噂がまことしやかにささやかれていたのだ。たまたま復興記念事業では副会長の座をもらったものの、それがすなわち選挙の基盤固めだと思われるなどとはたまったもんじゃない。政治家になりたいなどとは人生で一度も思ったことがない。いくら正直にそう言ったところで、相手はまだ疑いの目を向けてくる。あまつさえ「ですから堀内さん、市長選には出ないでください」とすらのたまう。この会食の後、保守系の議員からも「選挙には出るな」と釘を刺される始末だ。

補足をすれば、「政治家にならなければ社会を変えることはできない」とは考えていた。それでも僕は、あくまで市民セクターの立場で何ができるのかを追求したいと思っていた。「いやいや出ないって」「本当ですか」といった問答を繰り返しているうちに、食事は終わった。最後に、「よかったらこれを……」とすっと手渡されたのは少し大きめの白い手提げ袋。持ってみるとずっしりと重い。

あくまで噂話にすぎないが、かつての選挙戦では「出馬する」とギリギリまで言い張り、神戸市陣営から多額のお金を受け取って辞退した候補者がいたらしいと聞いたことがあった。「まさか、2000年を過ぎたいまもそんなことが」と一瞬本気で緊張した。自分の矜持にかけて「こんなものは受け取れませんよ」と言っても、「いえいえ、そう言わずに」と押し付けられる。「一体いくら入っているのだろうか」との思いも正直頭をよぎった。しかしよく確認してみると、その中身は食事の残りを詰めたものだった。恥ずかしい勘違いだ。

さて、選挙に関連する話はこれで終わらない。会食の翌日、僕はまた同じ幹部に呼び出された。何かと思えば「矢田は人前でしゃべれない。ついては、堀内さんにトレーニングしてほしい」と言うのだ。市の幹部には、復興記念事業で散々僕の意見を通してもらった恩もある。結局僕は、話し方から手ぶり身振り、スピーチの内容に至るまで、「市民への見せ方」の指導を引き受けさせられた。まさかのスーパーバイザーへの就任だ。

最初のトレーニングは、ホテルの一室で行われた。僕はまずそこに5枚ほどの姿見を用意してもらい、自分の立っている姿、話している姿がどんなものなのかを徹底的に認識してもらった。胸を縮こまらせているのと、堂々と胸を張った姿では、それだけで人に与える印象は大きく変わる。「まずは大きく両手を振って」「市民の拍手をしっかり聞いてから、それを受ける形で話し出して」「マイクはしっかり持って」といった指示に、矢田さんは素直に応じてくれた。

振り返ればある意味、「演出家になりたい」とのかつての想いが叶った瞬間でもあったかもしれない。

実際に話す内容についても、僕の書いた原稿が大いに反映されている。2001年の選挙戦で矢田さんが何を訴えたのかなんて覚えている市民はまずいないと思うけれど、「市民との協働と参画」など、いま振り返ってみても結構いいことを言っていたと思う。

講演会にもついていった。正しくはついていかされた。僕のことを知っている市民たちは、僕が大して選挙に関心がないことも知っているので、講演会場で顔を合わせると「何しに来たんですか」といった感じだったけれど。

講演が始まると、逐一動きをチェックし、講演後にしゃべり方や間の取り方について、「ここはこうだったからもっとこうしたほうがいい」と伝え、次の講演会で修正する——といったことを繰り返した。

そして迎えた選挙では、なんとサンテレビの選挙特番にコメンテーターとして僕が呼ばれた。矢田氏の当選が報じられると「今回の選挙戦を振り返っていかがでしたか」「矢田市政に何を望みますか」といった質問が飛んでくる。僕は「矢田さんは『協働と参画』などと言っていますが、口だけではなくしっかりと実行に移してほしいですね」と言った。僕が書いた原稿に、僕が注文を付ける。嘘みたいな話だ。

追悼行事を引き取る

このようにして、僕と神戸市はかなり深い関係を築いていった。ただ散々神戸市に対して怒りを覚えてきたけれど、許せなかったのが「追悼行事を5年で終わらせたい」という話だった。

一見神戸市は、いまに至るまで常に震災とともに歩んできたように見える。ただその一方で、市のブランドイメージとして、「震災のまち」のイメージを薄れさせていきたいとの思いも持っていたように僕には感じられた。

そこでやり玉に挙がったのが追悼式典だ。神戸市は発災から5年間、ポートアイランドにあるワールド記念ホールにて毎年1月17日に追悼式典を行っていた。それが、「震災5年をもって、毎年大々的に追悼式典をするのは終わりにしたい」と言い出した。5年を過ぎれば、次は10年目に実施すると言うのだ。僕が聞いた役所としての言い分は、「震災を想起させることでつらくなるご遺族もいるから」ということだった。そして、「ここでやめなければ、やめどきがなくなる」とも。

僕は真っ向から反対した。「まだ5年だ」と。大事な人が理不尽に奪われた悲しみは、どれだけ時間が経とうとも褪せることはない。彼らに必要なのは、その痛みを共有できる場所だ。そしてたとえ震災のご遺族が1人もいなくなったとしても続けていく。それが「震災を語り継ぐ」ということではないかと僕は指摘した。

それでも追悼式典を中止する意向を示す神戸市に対し、「じゃあ僕たちがやる」と啖呵を切った。そのうえで市に対して、「市が何もしないというのはやはりどう考えてもおかしい。僕たちが主催する追悼のつどいで場を提供するから、その場で市長とご遺族の代表がしゃべるくらいはすればいいんじゃないか」と提案した。市の幹部も、「それくらいなら……」と僕の提案を呑んだ。これも、ここまでの神戸市との関係性がなければとても実現しなかっただろう。

僕たちが「阪神淡路大震災1・17のつどい」を開催するのは、希望の灯りや慰霊と復興のモニュメントが鎮座する東遊園地とした。この場所は神戸ルミナリエのメイン会場でもある。

余談だが、「東遊園地」と聞くと、おそらく神戸市民以外は「観覧車やジェットコースターでもあるの?」と思われるかもしれないが、単なる公園であり、遊具類は何もない。ただ1875年、神戸に住む外国人たちがここで日本初の西洋式運動公園「内外人遊園地」をつくったことからその歴史は始まっており、一般的に想起される「遊園地」より、その歴史はよっぽど古いのだ。

「内外人遊園地」は1922年にその名称を「東遊園地」に改称。この「東」とは、外国人たちが住む居留地の東側にあることからそう名付けられた。実は日本人が初めてボウリングをプレーした場所などともいわれており、1901年にはラムネを全国に広げ、災害ボランティアの先駆けとしても活躍したスコットランド出身の実業家アレキサンダー・キャメロン・シム氏を称える顕彰碑も建てられている。

さて、話を追悼のつどいに戻そう。最初は僕たちが主催し、市はそれに乗っかってアリバイ的に市長やご遺族代表らのスピーチを行うくらいの考えでいたが、段々と「献花する花は行政が用意する」「几帳所を設け、そこには市の職員を派遣する」などと言い出したため、「なら一緒にやるということにしましょう」との結論で落ち着いた。細かく言えば、追悼のつどい自体は基本的に僕たちが担当し、神戸市はつどいの中の「追悼行事」を担当する、といった役割分担だ。

また「神戸・市民交流会」にも協力してもらうことになった。もともと同会は、1998年から避難所のあった小学校で追悼式典を開催し、竹灯籠を並べてきた。そのアイデアは会長の中島正義さんが京都府長岡市で竹灯籠を使った行事から学んだという。そこで、ぜひその竹灯籠を東遊園地のつどいに持ってきてほしいと頼んだのだ。

切り出した竹一本一本に「絆」や「忘れない」といった言葉を書き込み、東遊園地の中央に「1・17」の形に並べる。その中にはローソクを並べ、会場に訪れた人たちに火を灯してもらう。竹灯籠の数は実に1万本。市民交流会の協力なしにはなしえない。「1月17日の追悼式典」に来たことがある人は、この竹灯籠を思い浮かべることが多いと思う。2016年までは、この竹灯籠の製作のすべてを市民交流会が手掛けた。

「阪神淡路大震災 1.17 希望の灯り」点灯準備の様子

おそらく神戸市民の中にも、「1・17のつどいは神戸市が主催している」と思っている人も少なくはないだろう。だが別に、それでもいいと思っている。大事なのは、追悼する心なのだから。

そうして、東遊園地で開かれる「1・17のつどい」は神戸に定着していった。ご遺族にとって、1月16日は大みそか、1月17日は新年だ。1月17日になってようやく、ご遺族の一年が動き出す。一人で〝あの日〟を迎えることがつらい人、不安な人のために、僕たちは16日から「交流テント」を設け、みんなで新年を迎える場をつくっている。交流テントにずっといる人、少しだけ顔を出して帰る人、その過ごし方はさまざまだ。「どうやって経験を語り継いでいくか」といったワークショップを行うこともある。

東遊園地に来るのは震災のご遺族だけではない。さまざまな形で理不尽に愛する人を奪われた人たちが集まってくる。それは「ここに来れば、同じ傷を負っている仲間がいる」と思えるからだ。この場所だけでは、どれだけ故人のことを思い出してもいい。この一年間、どんな思いで生きてきたかを吐き出してもいい。弱音を吐いてもいい。そんな場だからこそ、あるご遺族が別のご遺族を連れてくることもある。まさにプラットフォームとも言える空間となった。

神戸市と距離をとる

このように書き出してみると、「堀内と行政は蜜月関係にある」と思われてもおかしくはない。ただ、決してそうではなかった。僕自身も基本的には市役所とはスタンスを異にしていたし、一部の幹部や環境局など現業職員は僕を評価してくれたものの、市役所の中で僕に反感を抱いている人も少なくはなかった。

とくにいわゆる〝保守〟と呼ばれる議員からの反発はすごかった。議員にとっては、「市民からの要望を行政に届けるのは自分たちの役目だ」という自負があった。ところが僕が「市民はこう思っている」と言ってしまう。

さらに僕は市民と行政がともによりよい社会をつくっていくことを目指し、市役所の中に「協働と参画のプラットフォーム」をつくることを呼びかけ、2002年に実現に至ったのだが、これも彼らにとっては面白くない。さらに折に触れて、「議会の定数は減らしたほうがいい」などとも言っていた。

議員にとっては〝市民代表〟を自負して市役所の中に入りこむ僕のことが、邪魔で仕方がないわけだ。直接呼び出され、「あんたがやっていることは俺たちがやる仕事だ」と恫喝されたこともある。

ある年の追悼のつどいにおいてのことだ。会場の準備は毎年、その前日から始めている。毎年そう大きくは配置も変わらないとはいえ、毎年配置図を神戸市に提出している。ただ、とくに「交流テント」などでは夜通しご遺族らが話をして一夜を過ごすため、ストーブを用意しても風が吹けば寒い。そこでその日の風向などに応じ、毎年ほんの少しだけテントの位置を変えるなどの修正を現地で加えていた。

その年も、会場で「もう少しだけテントをこっち側に移した方がいいね」などと言いながら動かしていたところ、市役所の若い職員から「図面通りにやってくれないと困ります」と注文が入った。「でもここで一夜を過ごすわけだから、こっちに移した方がいいでしょう。じゃないと寒いよ」と言ってても納得しない。「ちょっと動かしたところで、大した問題じゃないですよ」との僕の言葉に激高し、職員は「問題ありますよ！」と僕の腕を掴んだ。

気持ちのいい話ではない。思わず僕は「触らないでくれよ」と腕を振り払おうとしたところ、地面がぬかるんでいたのでその職員が尻もちをついてしまった。僕が「大丈夫か」と聞くと「大丈夫です」と言いながら立ち上がり、何度か言葉のやり取りをしたところで職員は庁舎に帰っていった。

僕としてもその後、市役所で役所の幹部に「こういうことがあった」と報告した。そして役所と市民の協働の場で、役所の言い分だけを通そうとする点などの是非について問うたところ、僕のほうに正当性があることを認めてくれ、「若い職員にはこちらからよく言っておく」との言質を取った。これだけで終われば、取り立てて騒ぐ必要もない話だ。

ただその2、3年後、この話の記憶も薄れていたころ、ある野党の議員から「堀内さん、議員向けのコンプライアンスの勉強会で『不当要求行為』の事例として堀内さんが取り上げられましたよ」と告げられた。

「不当要求行為」とは、簡単に言えば「暴行や脅迫、その他の威圧的な言動といった不当な手段により要求の実現を図る行為」を指す。何のことかさっぱりわからず話をよくよく聞くと、あのときの出来事を指しているのだとわかった。

勉強会で提出されたプリントには、「某NPO団体代表が1月16日、市の職員に暴行を加えた。職員は警察への告訴も考えたが、本人も謝罪したので、告訴はしなかった」と書かれていた。

僕と職員の間で終わったはずの出来事が、政治の道具として使われている。こうやって僕を貶め、追いつめていこうとしているのかと、僕は絶望すら覚えた。

その頭でよく考えてみると、「震災モニュメントマップ」や「慰霊と復興のモニュメント」、「阪神淡路大震災1・17希望の灯り」の製作は終わっているし、復興の記念事業も終わった。追悼のつどいの主催も市から引き取り、つつがなく運営できている。

また当時すでに、震災当時僕を理解し、応援してくれていたような幹部の多くも定年により退職を迎えていた。これ以上僕が市と深く付き合う必要性はないし、ここらが潮時だと感じ、矢田市長の就任後もしばらくは続けていたスーパーバイザー的な役回りも辞した。

結局行政を変えることができたかと言われれば、やはり残念ながらその答えは「否」なのだけれど、僕が行政と協働して残したいと思っていたものについては一定程度残すことができた。もちろん運やタイミングに恵まれた話でもあるが、これ以上を望むことも難しいだろう。

最後に補足しておくと、このように書くと、「堀内は市役所を見限ったのか」と思われるかもしれない。だが実態としては、「元の距離感に戻った」というほうが正しい。一時期の距離が近すぎただけなのだ。その後も「1・17追悼のつどい」を市とともにつくりあげていくわけで、一定の協力関係にはある。

ちなみに、僕が神戸21世紀復興記念事業事務局で対立した職員と、その後ばったり市役所の中で会う機会があった。震災発生から30年近くが経過し、彼は幹部職員に出世していた。彼は僕に気が付くと、「あの頃はいろいろありましたけど、振り返ってみればいい経験でした。堀内さんとの時間は、その後の役所での仕事に役立ちました！」と言ってくれた。僕も「そうか、これからもがんばってくれよ」と応じた。考え方は違っても、ともに神戸のまちを愛し、尽力してきた人間であることに変わりはない。ノーサイドだ。

第四章　東京生まれの俳優、神戸へ行く

これまで阪神淡路大震災が発生してから、僕がどのような行動を取ってきたのかについて語ってきた。こんな話を講演などでどですると、「そもそもなぜ東京の俳優が神戸に移住したのか」「普通の人間は堀内さんのように動けない。なぜ堀内さんはそんな活動ができるのか」といった質問を受けることも多い。

そこで第四章では、阪神淡路大震災に至るまでの僕の半生について、少し紹介してみたい。この章を読めば「なるほど、だからボランティア活動につながったのか」と思ってもらえることだろう。一定の年齢以上であれば、かつての大スターたちの名前に懐かしさを感じるかもしれない。若い人にとっては、時代背景を含めピンとこないところがあるだろうけれど、その〝わからなさ〟も含めて味わってもらえたらと思う。

祖父母が開いた私塾

よくよく思い返せば、僕のルーツは祖父母にあるのだと思う。祖父の名は堀内文吉、祖母の名はまつ代という。文吉は社会教育者として、山梨では知られた存在だった。旧制韮崎中学に初代校長で、はじめてサッカーを導入した人物でもあり、そのおかげで当地はいまでもサッカーのまちとして全国に名をとどろかせている。有名なところでは、中田英寿さんも韮崎高校の出身だ。

まつ代もまた、もともと甲府一帯を治めてきた家系に生まれた娘であり、才媛として名を馳せていた。そんな中、時の山梨県知事が、「文吉とまつ代が結婚すれば、すごい子どもが生まれるはずだ」と見合いを指示したという、嘘みたいな出会いによって2人は結ばれ、8人の子宝に恵まれた。

そんな文吉は、社会教育に目覚め、山梨県富士吉田市の自宅の広間を開放して「学半社」という名の私塾を開いていた。「学半社」とは古代中国の思想家・孔子の言葉をまとめた「論語」から採った言葉で、そこには「学びて思わざれば即ち罔（くら）し。思ひて学ばざれば即ち殆（あやう）し（意味：学んで、自分で考えなければ身に付かない。自分で考えるだけで人から学ぼうとしなければ、考えが偏ってしまい危険である）」と書かれている。

文吉は、「教師というものは、半分は生徒に教える存在だけれども、あとの半分は生徒から教わる存在なんだ」とよく語っていた。そんな学半舎には地域のおじいちゃんおばあちゃんが集まり、勉強のほかにも彫刻刀の使い方や縫物なんかを子どもたちに教えていた。

僕は休みの度に、訪れていた。おじいちゃんおばあちゃんはいつも、「文吉さんの孫はすごいな」と手放しで僕を褒めてくれた。僕がしていたことといえば、文字が読めないおばあちゃんに文字を教えたことくらい。大したことはしていない。それでもたくさんの大人が僕を肯定し、包み込んでくれる。僕はその空間に居心地のよさを感じていたし、人が生きていくうえでの根本となる自己肯定感も育てられた。

文吉は時宗の門徒で、毎朝仏壇の前に座り般若心経を唱える人だった。一方のまつ代は、カトリックの信徒で日々マリア様にお祈りを捧げ、週末になると教会を訪れていた。僕も度々連れていかれ、子ども心に教会の綺麗さに惹かれたことを覚えている。そんな姿を見て、宗教心は一人ひとりの心の中にあるもので、それは人によって違っていいこと、そしてまったく違う考え方の人たちが集まるからこそ互いに補い合えることを知った。互い違いを認め、尊重できる二人がつくった空間だからこそ、学半社は心地よい空間になっていた。

文吉とまつ代は〝清貧〟を地でいく人でもあった。しょっちゅう講演に招かれていた文吉だったが、そこで得た利益はすべて学半舎につぎ込むか、被差別部落の人たちに配っていた。

人はつい、「これだけしてあげたんだから、これくらいは返してほしい」と無意識に思ってしまいがちだ。僕自身もボランティア活動をしている中で、そんな思いを持ちそうになったこともある。でも文吉とまつ代は、決して見返りを求めなかった。「できる人ができない人の分を補えばいい」。誰に教わるでもなく、そのような境地に至っていた。

戦争から帰り、映画監督になった父

そんな祖父母から1921年に生まれたのが父・甲（まさる）だ。山梨県に生まれ、少年時代を名古屋で過ごした甲は、京都大学を志望するも1年目は不合格。浪人生活の最中に映画にのめり込み、祖父の激しい反対を押し切って日本大学の芸術学部に入学する。

しかし、第二次世界大戦において日本が劣勢に追いやられると、それまで徴兵を免除されていた大学生にも〝赤紙〟が届くようになった。教科書やテレビなどで、明治神宮で学生たちが行進している様子（出陣学徒壮行会）を見たことがある人も多いと思う。甲もまさにその中にいた。

甲自身、「もう映画を撮ることはできないのかもしれない」と覚悟していた。しかし入隊してほどなく、甲に命じられた業務は「特攻隊員が飛び立つ日の気象を記録する」ことだった。どんな気象条件なら飛べるのか、あるいは駄目なのか、戦果を挙げられるのか……。甲は来る日も来る日も、行ったきりで二度と帰ってこない仲間たちをレンズ越しに見つめていた。

そうして一度も戦場に出ることなく、甲の戦争は終わった。「仲間はみんな死んだのに、自分だけが生き残ってしまった」という思いは、生涯を通じて抱いていたようだ。

甲は運よく、映画製作会社「東宝」に入社することができた。いまは一作の映画を撮るのに監督の下に2~3人ほどの助監督がついているケースが多いが、当時は5人ほどの助監督がいた。入社してすぐ、甲は黒澤明監督の元で5番目の監督として映画に携わることができた。ずっと憧れていた監督のもとで、甲は死に物狂いに働いた。

そんな父の姿に、やはり東宝で働いていた母・美栄子が好意を持った。息子の僕が言うのもなんだけれど、美栄子はとても美しい人だった。映画会社各社が美栄子のスカウトに乗り出し、激しい争奪戦が繰り広げられた。しかし、生来内気な性格の美栄子は、頑として自身が女優としてデビューするという提案に首を縦に振らなかった。それでも諦めたくなかった東宝から「女優じゃなくていいから、所長の秘書をやってくれ」と請われ、東宝に入社した。

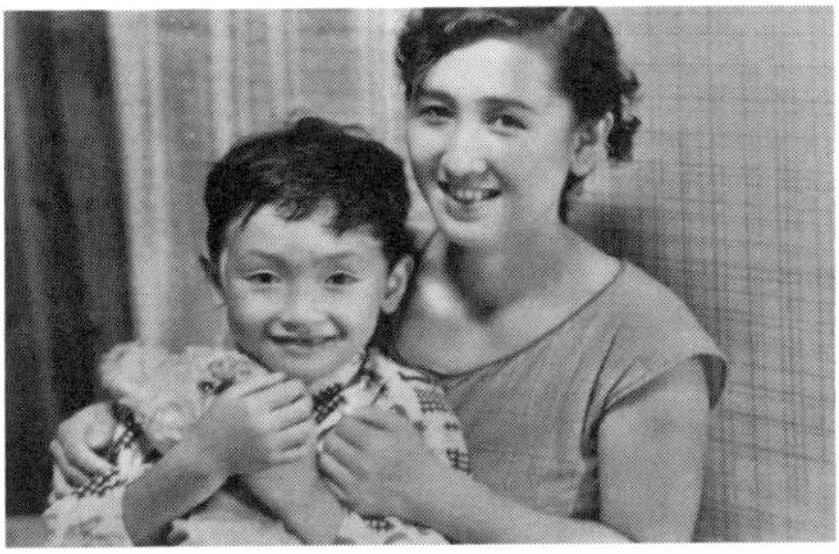

若く美しく、かつ女優ではないため「絶対に手を出してはならない」対象でもない美栄子の登場に、東宝の男たちは色めきだった。あの手この手で美栄子にアプローチを重ねた。そんな男たちに、美栄子は疲れた。美栄子の母に男運がなかったこともあり、「自分は誠実な人と結婚したい」との思いが強かった。だからこそ、自分にアプローチを仕掛けてこず、映画だけに夢中になっている甲の姿に魅力を覚えたのだ。

そうして2人はほどなく結婚を決める。ところがそんなときに起こったのが「東宝争議」だ。1946年から48年にかけて発生した労働争議で、最終的には米軍までもが出動。戦後最大の労働争議であり、「軍艦だけが来なかった」とまで言われている。

終戦から4か月後、東宝では従業員組合が結成され、たびたびストライキを行うようになった。戦時下では「労資一体・事業一家・産業報国」のスローガンの名の下に、行政が主導して労働組合の結成・解体が行われたが、終戦を迎えるとすぐにGHQは労働組合の結成・活動を奨励するようになった。終戦から4カ月後の1945年12月には旧労働組合法が制定されている。これには、民主的な団体としての労働組合の権利を認めることで、日本の軍国主義を復活させないという狙いがあった。この流れの中で、労働組合結成の動きは瞬く間に日本中に広がった。戦後の日本ではインフレが進み、戦前の給与では暮らしていくのが難しい状態にあった。そこへの社会主義運動の高まりも相まって、労働組合は頻繁に労働争議を起こした。もともと共産党員や社会主義者を多く雇っていた東宝でも、その熱はどんどん高まっていった。

ストが起これば映画製作は滞る。会社にとっては悩みの種だった。1946年10月の第2次争議の折には長谷川一夫や原節子、高峰秀子といった10人のスターが組合を離脱し、翌年には「新東宝(現国際放映)」を設立している。その穴を埋めるために登用されたのが「東宝ニューフェイス」の三船敏郎らだ。

労働争議は年々苛烈さを増した。1948年には、東京の成城にあった砧撮影所の従業員270人を突然解雇し、さらに1200人の解雇計画を発表した。この判断に、組合も黙ってはいない。組合員は砧撮影所を占拠して立てこもるという道を選んだ。不燃塗料を詰めた樽や電流が流れる仕掛けなどを自作するなど、日ごろから大道具や小道具の作成で鍛えた腕がここでも発揮された。

しかし裁判所が占有解除の仮処分執行を決定したことで、8月19日には武装した警官に加え、装甲車と戦車、航空機を引き連れたアメリカ軍までもがやってきた。最寄りの小田急成城学園前駅での乗降は禁止され、撮影所に至るまでの道は封鎖された。こうなると組合側は撤退せざるを得ない。ただし組合幹部の退社と交換条件で、解雇の撤回が認められるなど、一定の成果も得た。

それでも結局会社は、1950年になって200人ほどを一斉に解雇する。会社側から解雇を言い渡されたのは、大道具や小道具など、現場を支える人たちであり、甲のいた監督らが属する演出部は対象ではなかった。演出部は〝金の卵〟として認識されていたからだ。しかし、甲の正義感からして、「自分に累が及ばないならよい」とはとても考えられなかった。相変わらず組合運動に従事した甲は、1950年6月に解雇を言い渡されてしまった。僕が生まれてからわずか3か月後のことだった。

東宝としては、「お前はクビだ。でも子どもが生まれたばかりで、お前も生活していかなくちゃいけない。だから奥さんは残しなさい」と提案を受けた。会社としての精一杯の恩情だ。しかし甲は、「仲間を裏切るようなことはできない」と、夫婦2人で退社の道を選んだ。

そんな中で新藤兼人監督に出会って再び助監督になり、1956年にようやく監督デビューを果たす。撮影現場での甲の顔は厳しく、僕が遊びに行っても、見向きもしてくれなかった。

食事の時間になっても一緒に食事をするわけでもなく、スタッフと食事をしながらの打ち合わせ。代わりに僕の遊び相手になってくれたのは、制作部のスタッフやロケバスの運転手さんたちだった。

「お互い様」が当たり前だった時代

そんな甲は、親子が安心して一緒に観ることができる「児童劇映画」という新たなジャンルをつくりだした。要は「みんなで仲良くしましょう」といった非常に道徳的な、小学校の教室で流されるような映画だ。僕が生まれたことで、「この子に見せても恥ずかしくない映画をつくろう」と決心したらしい。僕自身も〝子どもの代表〟として、甲が書き上げたシナリオへの感想を求められた。

甲の映画が、実際に僕の通う小学校で流されることもあった。最後に〈堀内甲〉のクレジットが出てきて、みんな僕の父が撮ったものだと知る。同級生からは、「お前の父さんはつまらない映画をつくるよな」「ゴジラとか撮らないの?」と言われたし、僕もそう思っていた。僕がそのころ住んでいたのは東宝の撮影所があった砧。それゆえに、映画業界の関係者が多く、ゴジラにかかわっている家の子どもはそれだけで人気があった。それを甲に告げても、甲は決して意を変えなかった。

おまけに僕の通う小学校の学芸会では、「堀内のお父さんはいい脚本を書いているから、堀内も書きなさい」などと、問答無用で脚本を任された。結局、「みんなのものを大切に使わなくちゃいけない」といった、われながら面白くない劇ができあがったことを覚えている。

その後、「映画よりもテレビ」の時代が来たことで、甲もテレビドラマ「パパの育児手帳」を始めテレビの仕事をいくつかこなした。それは映画よりもお金にはなった。しかし、当時テレビドラマを撮っていたのは映像を学んだわけでもない、単なる局員であることも多かった。甲から見れば、素人同然だ。結局そのような環境に我慢ならず、「テレビは創造性がない」「ただの電気芝居だ」などと言い放ち、テレビの仕事はしなくなった。

ただしこんな様子では、とても家にお金は入ってこない。甲の手掛ける映画はゴジラと違い、熱狂的なファンが押し掛けるような映画には到底ならないからだ。おまけに甲は自身の作品へのこだわりが強く、脚本、撮影、編集のすべてを自分でやらなければ気が済まない人だった。おかげで普通なら1か月でできあがるような作品なのに、甲の手にかかると3か月かかることもざらだった。そんな甲に対し、美栄子が「あの人は映画と結婚したのよ」とあきらめたようにつぶやくこともあった。

そのため、わが家は決して裕福というわけではなかった。そこで美栄子は自宅で料理教室を開き、家計の足しにすることにした。もともと料理は得意だったが、美栄子を気に入ってくれた料理の先生が美栄子を助手として雇ったことで、その腕はさらに上達。自宅で教室を開くまでになった。だから僕の家にはいつも女性たちがたくさんいた。

砧に自宅を構え、映画監督の父に自宅で料理教室を開く母。それだけ聞けば、さぞいいところの子のように聞こえるかもしれない。けれど美栄子が料理教室を開くのは、生徒さんから月謝がもらえることに加え、生徒さんと一緒に料理をつくればその晩に家族の食べる分くらいは作れてしまう、といった発想からだった。ただそんな懐事情をまったく僕に見せることはなく、僕が実情を知ったのはすっかり大人になってからだった。

美栄子が作るものはなんでもおいしかった。それに気づいたのは、友人の家でご飯を食べたときだった。カレーもコロッケも、家で食べるものとは味が違う。そういうわけでいつの間にか、僕の友達も僕の家に集まるようになっていった。友達が来れば手作りのお菓子を出してくれて、それもまたおいしかった。ただ、美栄子としても自分の腕に自信があるからこそ、「何が入っているかわからないから」と僕が駄菓子を買うことを許さず、僕は駄菓子を買って食べる同級生がうらやましくもあったのだけれど。

誇れることと言えば、当時まだカメラが一般的ではない時代で、よく甲が僕の写真を撮ってくれたことだ。当時のカメラはフィルム式。だからカメラマンは映画の撮影の時、フィルムが残り少なくなったところで取り換える。その余ったフィルムを、カメラマンがくれることがよくあったのだ。甲はそのフィルムをカメラにそのまま装填できる円筒形のフィルム容器「パトローネ」に詰めて、家族の写真をしばしば撮影していた。

僕が少年時代を過ごした１９５０～６０年代は、日本は少しずつ裕福になっていったとはいえ、まだまだ全体として貧しい時代。そして近所の人が当たり前のように助け合う時代でもあった。調味料がなくなれば隣の家に「醤油貸して」と訪ねて行き、「お返しに」といって多めに作ったおかずを届ける。そんなやりとりが普通だった。困っている人がいれば助けるし、そこには何の損得勘定もなかった。「困ったときはお互い様だ」と、みんなが思っていたのだ。

僕が「がんばろう‼神戸」を立ち上げたとき、ボランティアをする理由を問うたワイドショーのリポーターに対し、僕は「困ったときはお互い様じゃないですか」と言った。きっと僕の中にある幼少期の思い出が、無意識のうちの僕の口から出てきたのだろう。

たまたまそのテレビを見ていた美栄子からは「あんたの口から『お互い様』という言葉が出

るなんて」と連絡があった。そして、「昔は貧しかったから、みんな生きていくために手を取り合って、『お互い様』だと言っていたのよ。いまの神戸の人たちは、戦後を生きた人たちと同じくらい大変でしょ。だから『お互い様』の言葉が心に響くわよ」と言った。

ちなみに甲は、60歳で「映画監督廃業宣言」を出す。映画仲間には、「映画では社会を変えることはできない。だから僕はもう一度地べたに足を付けて働くところからものを見たいんだ」とその意図を語った。

しかし、家族としては寝耳に水の話だった。その時期、美栄子からも僕のところに「お父さんが駐輪場の仕事をすると言っている。実家の近くでそんなことをされるとみっともないから、どうにか止めてほしい」と連絡が来た。

僕も甲の真意がわからず話してみたが、「駅を出たところの駐輪場はいわばまちの入口の顔。だからこそ自転車がきちっと並んでいることが大事なんだ」と熱弁を振るってきた。そのほかシルバー人材センターに登録し、町中にある消火器を入れる赤いボックスを確認する仕事にも勤しんだ。金槌とドライバーを手に、自分で直せそうであれば自分で直し、無理そうであれば写真に撮って報告するという業務だ。

デパートの配送センターの仕事では、「ここにはいろんな人がいる。ある人は大手企業の重役。

ある人は船長。ドラマはここにあるんだよ」と話していた。時給は最低賃金。それでも甲は楽しそうだったし、イキイキしていた。

そんな甲は１９９９年12月10日、78歳で亡くなった。がんだった。「監督廃業宣言」以降、頑なに映画を撮ることを拒んでいた甲だったが、監督としての最後の仕事は阪神淡路大震災の記録映像になった。

甲が亡くなった日はくしくも、「阪神淡路大震災１・17希望の灯り」設立の記者発表の日だった。僕は「おそらく年内は大丈夫だろう」という医師の言葉を信じて９日夜の最終の新幹線で神戸に戻り、翌朝10時からの記者発表に備えていたところ、その２時間ほど前に病院から臨終の連絡が来た。

それを記者発表の場でポロリと述べたところ、各社が甲の死を報じてくれた。同じ紙面に希望の灯りの設立と甲の訃報が載ったのだ。通信社が報じてくれたおかげで、海外からの反響もあった。兵庫県知事や神戸市長からもお悔やみの花が届いた。父の最後の花道を彩れたことが、僕の最後の親孝行だった。葬儀には、神戸からわざわざＨＡＮＤＳの仲間も駆けつけてくれた。「息子が死んでも泣くことすらできない」と言っていた足立さんは、面識もない僕の父親の死に涙してくれた。

張り合いをなくした美栄子は、その3年後に亡くなった。突然死だった。当日も友人と待ち合わせをしていたくらいで極めて元気ではあったのだけれど、死がいつ訪れるのかはやはり誰にもわからない。

世界の格差を知り、社会主義に傾倒

そんな家庭で生まれた僕の家庭には、当初テレビがなかった。甲がテレビを否定しているもんだからどうしようもない。それでも、僕が8歳のころ、弟が生まれるちょうどその時期に、ようやくテレビを買ってくれた。

初めて見るテレビに、僕は興奮した。とくにはまったのが、アメリカのホームドラマだ。「パパは何でも知っている」「うちのママは世界一」「スーパーマン」……。テレビに映し出されたアメリカの家は、とにかく何もかもが大きかった。家も庭も車もソファーも、リビングにいる犬や配達される牛乳ビンまで大きかった。そしてキッチンには大きな冷蔵庫があり、ママが夕飯を作っていると、わんぱく息子とちょっと可愛いお姉ちゃんが帰ってくる。その日の報告をしていると、チャイムが鳴ってパパが帰宅。ダイニングでは家族揃っての豪華な夕食。「ステーキをいつも食べているアメリカって凄いな！」とアメリカに憧れ、「日本は貧しい国なのか」とそこでようやく気付く。いま振り返ると「昔は貧しかった」と当たり前のように言えるのだが、みんなが貧しいのだからそれが当たり前になっていて、その貧しさを特段意識したことはなかった。

そんな僕の価値観をさらに変えたものに、1960年に発売された一冊の写真集がある。写真家・土門拳氏の「筑豊のこどもたち」だ。北九州筑豊のボタ山の裾野に残された、貧困にあえぐ炭鉱離職者の子どもたちを写したこの写真集は、10万部を超すベストセラーになった。週刊誌のような体裁で、紙はザラ紙で写真は白黒、値段は100円。「一人でも多くの人に、筑豊の現実を知ってもらいたい」との思いから、値段を抑えたそうだ。ちなみに写真集に出会った10歳当時の僕の愛読書だった漫画雑誌の「少年サンデー」「少年マガジン」は30円か40円だったと思う。

その写真集に、僕はくぎづけになった。同じ日本の中で、僕と同じような年ごろの子どもが、信じられないような劣悪な環境で生活していた。「なぜ、どうして僕と違うの？同じ子どもなのに……」。

そのころの僕は、そもそもそこまで物欲もなかったけれど、欲しいと思うものはそれなりに手に入っていた。さらに日本が高度経済成長期に突入する中で、世の中全体も浮かれていた。「栃若の激突」「世界一の東京タワー完成」「フラフープ」「ダッコちゃん」「即席ラーメン」「ミッチーブーム」……。流行も次々と移り変わった。

そんな中で見た筑豊のこどもたちが置かれた現状に、僕は愕然とした。そして同年には、続編となる写真集「るみえちゃんはお父さんが死んだ」が発売され、もちろんその写真集も読んだ。持病と不摂生がたたった父親を脳溢血で亡くし、児童相談所に引き取られたるみえちゃんとさゆりちゃんの姉妹が中心となった写真集だ。

お父さんを亡くし、お母さんの行方もわからない。それでも妹を守りながらけなげに生きているるみえちゃんの姿に、僕は目を奪われた。美栄子に対し、「この子たちに家に来てもらおうよ、ぼくのお姉ちゃんになってもらおうよ」とまでお願いした。いま思えば、その思いは淡いけれども確かな初恋だった。美栄子は「何を言ってるの、犬猫じゃあるまいし、そんなに簡単な事じゃないのよ」と告げた。その一言で、話は終わった。何もできない自分に、無力感が募った。

しかし、その日から僕は少しだけ変わった。まず新聞を読むようになった。世の中は、僕の知らないことで溢れていた。「三池争議で流血事件」「安保条約反対のデモで東大生樺美智子さんが死亡」「右翼の少年に浅沼稲次郎社会党委員長が刺殺される」「サリドマイド事件」「水俣病」。これらはいずれも、1960年の新聞に載っていたものだ。

政治的な意味合いまではよく理解できなかったけれど、当時は「共産主義、社会主義こそが正しいのではないか」と感じていた。テレビを付けると、警察は闘争に加わる国民を弾圧している。子どもの僕には、そこに正義は感じられなかった。父が戦った結果、組織から排斥されたことも当時すでに聞かされていたから、「排斥する側」への恨みも潜在的にあったのかもしれない。

さらに小学校5年生になった僕には家庭教師の先生がつくことになったのだが、一橋大の大学生だったその先生は、共産党員でもあった。僕が「筑豊のこどもたち」や安保闘争に衝撃を受けたと話したところ、先生は「いいところに気付いたね!」と色めき立ち、1848年に書かれた「共産党宣言」なんかを持ってきて、毎週勉強と併せて共産党の思想を僕に教えてくれた。それだけでなく、「正美くんもデモに行ってみよう」と、デモに連れて行ってくれることもあった。

そんな英才教育を受けた僕は、高校に入学すると共産党の若者で結成される日本民主青年同盟(民青)の集まりに顔を出すようになっていった。高校生の時分にはもう、気分はいっぱしの革命家気取りだった。

「世界は決して平等ではない。こんな世の中を、少しでも変えなければいけない」

僕はそう決意していた。

高校生になった僕は、学生運動にものめり込んでいった。僕が学生運動にのめり込んだ背景に不在がちな父への反発心もなかったとは言えないけれど、その胸には確かな正義感があった。

民青の活動に「手ぬるい」と歯がゆさを感じた僕は、民青を飛び出し〝トロツキスト〟と呼ばれる過激派のデモに参加するようになる。ベトナム反戦運動を展開する1967年の羽田闘争、1968年の王子野戦病院デモをはじめ、毎週のようにデモに参加していた。

いまでこそ、「学生運動をしていました」「社会主義に賛同していました」と言えば、警戒心を抱く人も多いかもしれない。実際、僕がボランティア団体の代表としてある程度有名になってから、「堀内正美は学生運動をしていた」という記事が出たことで、いくつかの団体から講演依頼をキャンセルされたこともある。

それでも、昔はいまよりも社会や政治が近かった。だからこそ社会問題に関心を持ち、「僕たちが立ち上がることで社会を変えるんだ」と本気で考える人たちが多かった。そしてそんな学生運動に身を投じる若者に理解を示す大人も多かった。

王子野戦病院のデモでは、機動隊が僕たちに着色弾を投げつける。そうするとどこへ逃げても「デモに参加した奴だ」とすぐにわかり、逮捕される。「これはたまらない」と逃げると、逃げる道すがらにある家の住民が扉を開き、「こっちに隠れなさい」と家にあげてくれた。お風呂や洋服を貸してくれる人もいた。その人たちは僕が「ここまでしていただいてすみません」とお礼を言うと、「自分たちの代わりにやってくれているのだから」と言ってくれた。

民衆によるデモの機運は、世界中で起こっていた。たとえば1968年は動乱の年であり、フランスでは「新左翼」の学生たちがパリ市内で一斉に蜂起した五月革命が、アメリカでは反ベトナム戦争を訴えたコロンビア大学紛争が、メキシコでは学生ら300～400人が政府によって弾圧されて亡くなったトラテロルコ事件が起きている。もっとも日本では、「デモで日本を変えられるかもしれない」との機運がこのころから衰えはじめ、1970年代に入るとだんだん「まだ運動なんてやっているのか」という風潮になっていくのだけれど。

高校生のころには、大学生の中に混じって議論を交わし、東大に入り浸るようになる。「日本はアメリカに従属させられている。いまの日本の貧困を生み出したのはアメリカだ」という思いから、デモではしばしば「アメリカ帝国主義粉砕！」と叫んでいた。しかし他方で、子どものころに抱いたアメリカへの憧れを胸に、アメリカ軍払い下げのカーキ色の戦闘服を着て洋楽を聞き、手にはコカコーラを持っていた。振り返れば、そんないびつさのある運動だった。

共産党に対しても、マルクスとエンゲルスが著した「共産党宣言」には感銘を受けたものの、日本の共産党や社会党に対しては「絶対的に正しい」とは思えなくなっていた。各党のトップらは私腹を肥やすことに執心しており、「言っていることとやっていることが違うではないか」との憤りを抱いていた。

そんな中、気が付けば大学進学の時期になっていた。「大学に行って勉強したい」という気持ちは生まれてこなかったけれど、「サラリーマンになる」という選択肢も僕の中でついぞ現実味を帯びなかった。僕の周りは教育者か表現者ばかりで、サラリーマンとは何かすらよくわかっていなかったことも大きいだろう。

「とりあえず大学に行こう」とは思ったものの、何も目標がないままの受験は失敗し、僕は一年間の浪人生活を送る。それでも大した勉強はせず、学生運動のために大学に出入りしていた。果ては浪人生を主軸に形成された学生運動組織「全都浪人共闘会議」を組織するまでになった。そこには自民党の塩崎恭久くんや、同じ小学校の1学年下でもある坂本龍一くんらも来た。

なお大阪でも同様の会議が作られ、そこには韓国の朴正熙元大統領の暗殺を謀ったとして逮捕され、後に死刑となった文世光らが参加していたけれど、東京と大阪の組織はまったく別々に動いていた。だから僕も大阪で誰が活動していたかすら知らない。ただ社会的には、この東京と大阪の組織を合わせて「全国浪人共闘会議（浪共闘）」と言われることもあった。

学生運動は、家族には少なからず心配をかけたと思う。１９６９年の東大安田講堂事件で僕らは敗北を喫し、戦いの場所を成田空港の建設に反対する三里塚闘争に移した。活動家や市民らがガチンコで機動隊とぶつかり、死者も出た。僕はしばしば現地で寝泊まりしていたが、大きな闘争の前日には家に帰るようにしていたから、美栄子は僕が家に帰ると「会えるのはこれが最後かもしれない」と、毎回涙ながらに料理を出してくれた。

さて全都浪人共闘会議はその後、大学生らから「これから俺たちは入試粉砕闘争をする。お前たちはどうするのか」と問われ、これから大学入学を目指す僕らが入試粉砕を叫ぶのはどうなのかということで、その活動は必然的に下火となった。

清水邦夫、蜷川幸雄に衝撃を受ける

浪人中も、僕は相変わらずどこの大学に行きたいのか、何を学びたいのかについてはとんと浮かんでこなかった。そんな折、友人から新宿の映画館で、映画の終演後に上演される芝居のチケットをもらった。清水邦夫作・蜷川幸雄演出、蟹江敬三主演の「真情あふるる軽薄さ」という芝居だった。

この物語は、一人の青年が、おとなしく行列に並ぶ人々に悪態をつくところから始まるもので、最初のうちはよくわからなかった。最後は青年が行列に並ぶ人々に向かってマシンガンを撃って終わり。……かと思いきや、おもむろに行列の中にいた一人の中年男性が立ち上がる。すると客席の扉がだだだだっと開き、機動隊役の役者が飛び込んでくる。青年はこん棒で叩きのめされ、終わりを迎える。

いまの若い人たちにはピンとこないかもしれないが、僕、そして反体制を叫びながら「どうしても体制を打ち負かすことはできない」といった挫折感を抱えていた若者にとって、「真情あふるる軽薄さ」はこれ以上ない演劇だった。現実と虚構の境目がわからなくなる中で、狂気とエネルギーに満ち溢れた世界に高揚する。はじめての感覚だった。

そのころの新宿のまちは、旧来の芸術文化に対して新しい芸術文化を創ろうとする若者の熱気でムンムンとしていた。街角ではパフォーマンスが繰り広げられ、映画館ではヌーベルバーグの作品が上映され、飲み屋では若い芸術家たちが熱く語っていた。

飲み屋街では、若き日の横尾忠則さん、粟津潔さん、日野皓正さんなど、現代アートの世界をつくり上げた先輩たちにも会えた。演劇の世界では唐十郎さんの「紅テント」、寺山修司さんの「天井桟敷」、佐藤信さんの「黒テント」などが上演されていて、アンダーグランド演劇（アングラ）全盛時代。毎日がお祭りのようだった。そんな世界を浪人のうちに経験したのだから、人生が狂うのも仕方ないと思う。

革命家気取りの僕も、現実を生きていくためには仕事がなくてはいけない。そこでようやく興味が持てたのが、舞台演出の世界だった。

そんなある日、高校の同級生の家に行くと、桐朋学園大学短期大学部（当時）に通う彼のお姉さんが話しかけてきた。僕に「堀内くんさ、吉本隆明や高橋和巳の本を読まなきゃだめよ」と言ってくるようなそのお姉さんと進路について話していくうちに、「演劇の基礎的な学習がしたいならぜひうちに来なさい」と誘われた。「ほかに行く当てもないのだからそこでいいか」といった気軽さで、桐朋学園大学の受験を決めた。

国語と英語といったペーパーテストはまず問題ないだろうと思った。問題は、実技の試験だ。桐朋学園大学の試験では、ダンスに加え歌のテストがあった。演技もダンスも歌も経験のない僕に、そんな実技ができるものかと気が遠くなる思いだった。

しかし幸いにも、僕の血縁には舞台や音楽関係の職に就いている人が多かった。叔父は日本におけるモダンバレエの創始者と言われる堀内完だし、ちょうど桐朋学園大学の音楽科に通っているいとこもいた。おじさんからは「受験にはこれを履いていけ」と使いこんだタイツとバレーシューズを渡され、いとこからは直々に歌のレッスンを受けた。

それでも出来は決していいとは言えず、受験の前から「これはきっと駄目だろう」と確信めいた思いを持っていた。そんな思いで迎えた受験当日。タイツをはいて立っている僕に、審査員は「いいね」と言った。でもそれだけだった。いとこが教えてくれた歌も駄目だった。歌い出しのタイミングすらよくわからなかった。

「やっぱりだめだった」

そう思って合格発表すら見に行かず、家でふてくされていた僕に、試験で仲良くなった友人から「堀内君、受かってるよ」と連絡が来た。なぜ受かったのかわからないまま、僕は桐朋学園大に入学した。

デモと演劇の日々

入学早々、僕は山口瞳の小説「けっぱり先生」のモデルとしても知られる生江義男学長に呼ばれた。開口一番、生江さんは「君はうちの大学に何しに来たんだ。ストなんかやるのかい」と言った。当時は警察が、学生運動を熱心にしている人間の名前を大学側に通達していた。だから僕という人間が学生運動をしていることが、大学側には伝わっていたのだ。

僕は「ストはします。ただここはお坊ちゃんお嬢さんが多いので、バリケードをしてしまうとたぶん学校に来なくなっちゃうから、そこまではしないですね」と正直に答えた。すると生江さんは「そうかそうか」と嬉しそうにうなずいた。

そして校内で演説していると、また生江先生がやってきて、「バリケードはできないのか」と改めて聞いてきた。そして「ほかの大学はみんなバリケードなんか作ってるでしょ。そして機動隊が来る。君が入ってきてくれたから、ようやくこの大学も世間並みになれるかと思ったんだよ」と言った。僕は「そっちだったか」と思った。

桐朋学園大学には教授陣にも左派系の人たちが多かったが、教員の立場としては、なかなか表立って批判することが難しい。そんな人たちにとって僕の存在は「デモをする危険な奴」ではなく、「デモを起こしてくれる奴」と好意的に捉えられていたのだ。

学校からお墨付きをもらうという不可解な状況で学生運動をやっていた僕だったが、今度は演劇専攻教務主任の永曽信夫先生に呼ばれ、「千田是也先生が君を俳優座にほしがっている」

と告げられた。千田さんとは１９４４年に俳優座を創立し、新劇界に大きな影響を与えた人物だ。なお俳優座とは仲代達矢さんに古谷一行さん、田中邦衛さんなど、錚々たる俳優を輩出した劇団であり、いまも精力的に活動している。千田さん自身は、特別高等警察（特高）の拷問によって死亡した小林多喜二さんの遺体を引き取り、デスマスクを製作した人物としても知られている。

そんな千田さんがすごい人であることくらいは僕だって十分わかっていたが、僕は新劇にはまったく興味を持てなかった。父のおかげで撮影現場の空気も知っていたし、名だたる女優がこぞって訪れる高名な結髪師のお宅にも幼少期から頻繁に訪れていたため、「綺麗な女優さんに会いたい」といったよこしまな気持ちもなかった。

そこで、正直に「俳優なんかやりたくありません」と言ってみたものの、「入学試験で、ほかの先生は全員バツを付けたんだ。全員が『あれは駄目だ』という中で、千田先生だけが君に二重丸を付けたんだ。だからやる気がなくてもとにかく行ってきなさい」と告げられた。

そこまで言われてしまえば断ることもできない。教えられた千田さんのマンションに行くと、東山千栄子さん、岸輝子さんといった俳優座が誇るそうそうたるメンバーが集まっていた。そうして口々に、「あ、先生、この子のこと入れようとしてるでしょ」と言うのである。そうして僕は、時折千田さんのマンションにお邪魔させてもらうことになった。

ただ僕の〝本分〟は学生運動。授業ではない。演技をすることがあまりに嫌なものだから、演技テストからは極力逃げようとしていたし、本番前に行う試演会の稽古に参加せずデモに出かけるなど、ほかの学生に迷惑をかけることもしばしばだった。それについては非常に申し訳ない。

それでも細々と学内で活動していると、デモに参加してくれる学生も徐々に増えてきた。「デモには行けないけれど、父に届いたお中元のクッキーを差し入れます」なんて言ってきたお嬢さんもいた。といっても、元来お坊ちゃん、お嬢ちゃんが多い学校だけに、「堀内は何をやってるんだ」と感じている人も多く、学内での活動はそこまで盛り上がりはしなかったけれど。

ちなみに千田さんや「ノーベル賞に一番近い」と評されたことでも知られる安部公房先生らからは「自分たちもストに参加したい」との申し出があった。「先生としてではなく、個人としてなら参加できます」と僕が言うと、「個人として参加する」と誓ってくれた。とはいえデモに行くときには「けがはするなよ」などと言いながら駅までついて来る。あまりに格好がつかないので、「先生、やっぱりついてこないでくださいよ」と頼み込む場面もあった。

僕は授業にはあまり出ていなかったが、それでも大きな出会いもあった。ある日、「桐朋学園大学で清水邦夫先生が舞台を書き下ろし、演出をする」との情報がもたらされた。僕が衝撃を受けた、あの「真情あふるる軽率さ」を書いた清水邦夫だ。上級生向けの授業で、そもそも僕にはその授業を受ける資格もなかったが、こうだと思ったらてこでも譲らない僕は、とにかく通い詰めた。最初は「駄目だ帰れ」と言われていたが、それでもめげずに通っているうちに稽古場の隅にいることを許され、どんなセリフを喋っているのか、役者はどう動いているのかを全部ノートに書いていった。

そんな日々が1か月くらい経った日、出演者のある先輩がぱったりと大学に来なくなった。清水さんの厳しい指導に耐えられず、逃げてしまったのだ。その先輩は全体の動きを教える人だったため、その先輩がいなければ稽古が進まない。清水さんが「おい誰か、わかんないのか」と声をあげたとき、僕は「チャンスだ」と思い、「ここに全部書いてあります」と声を挙げた。するど清水さんから「ちょっとこっちへ来い」と呼ばれ、清水さんと話す機会を得た。清水さんはいくつかの動きを僕のノートと照らし合わせた後、「よしみんな、堀内の言うことを聞け」と宣言した。そこから僕は、清水さんの助手的な立ち位置に収まることに成功した。その次に清水さんと田原総一朗さんとの共同脚本・共同監督で撮影した映画「あらかじめ失われた恋人たちよ」の台本づくりにも呼ばれた。この映画は桃井かおりさんの初主演作で、石橋蓮司さんや加納典明さんなどが出演した。

三里塚の老人の一言で逃げ帰る

僕はそのうち、蜷川幸雄さんの演出助手を務めさせてもらうようにもなった。演劇人としては、これ以上ない経験をさせてもらえていたと思う。しかし僕は、学生運動の活動に加え、ただでさえ身も心も削られる助手としての活動により、少なからず消耗していた。

それでも成田空港の建設に反対する三里塚闘争へは引き続き参加していた。ある日機動隊とぶつかったときには、僕は先頭にいたため、全身打撲で病院に運ばれ、10日間の入院を余儀なくされた。それでもまだ僕は、「世の中は僕たちの力で変わるかもしれない」と真剣に思っていた。

三里塚では「労農学市民の連帯で闘おう!」とのスローガンのもと、ビニールハウスに寝泊りし、朝はピーナッツ畑の手伝い、昼からは機動隊との闘争という日々を送っていた。

そんな1971年のある日、畑のあぜ道でタバコを吸っていると、80歳を過ぎたおじいちゃんが僕の横に座った。タバコを吸い始めたおじいちゃんは、「あんたらはいいなぁー……帰るところがあって……」とポツリとつぶやいた。

「どういう意味？」

僕は聞き返した。

「わしらがこの土地に入植した時は、雑木林で大変だったんだ。木を切って、焼いて、耕して……やっとピーナッツが実るような畑になったと思ったら、お上から『ここに飛行場を作る、金なら渡すからほかの土地に行ってくれ』って言われたんだ。わしらここの土地から離れたら生きていけねえ……死んだらここの土に葬ってもらいてえんだ……」

僕の中で、何かがガタガタと崩れていった。

僕は今まで、何をやってきたんだ？

社会を変えると息巻いていても、結局僕の中で、「僕の本当の居場所はここではない」とわかっていた。帰る場所があるから、安心して戦いに出向くことができていたのだ。

それまで僕は、いっぱしの革命家気取りで、高校生の時分から大学生を論争で喝破してきた。それなのに、そのおじいちゃんのたった一言に勝てなかった。

僕の人生の中で、はじめての挫折を感じた瞬間だった。

そして僕は、逃げるように東京に帰った。闘争からも身を引いた。僕の本分である学生運動をしないのだから、学校に行く必要もなくなった。そうしてしばらく僕は、浮遊した時間を過ごすことになった。

その次に清水さんが書き、蜷川さんが演出した「ぼくらが非情の大河をくだる時」でも、僕が駆り出された。蜷川さんから、「演出助手をやれ」と連絡が来たからだ。「ぼくらが非情の大河をくだる時」は、新宿の権田原にある公衆便所を舞台に、「公衆便所の下には死体が埋まっている」と信じた詩人、そしてその父と兄をめぐる物語だ。これだけの説明ではきっと何も伝わらないと思うが、こういう物語なのだから仕方がない。

その公衆便所はいわゆるハッテン場として知られていたのだが、そんなことなどつゆも知らないものだから、清水さんから「ちょっと一回行ってきてごらん」とからかわれ、実際に行ってみたところ周囲からの熱い視線を感じた記憶もある。

そしてある日、いつものように稽古の準備をしていると、いきなり、知らない男性から「君、俳優にならないか?」と声をかけられた。晴天の霹靂だった。

「僕ですか?　あの……僕……演出助手ですけど……」と言うも、男性は意に介さず名刺を差し出してきた。そこには「TBSテレビプロデューサー」と書かれていた。そのプロデューサー、山田和也さんは、文芸作品「わが愛」という作品で、加藤剛さん演じる主人公の弟役を捜しているということだった。星由里子さん、山崎努さんらがわきを固めた。

山田さんは、田村正和さんや志垣太郎さんといった豪華なメンバーを集めてオーディションをしたり、いろんな芝居を見て俳優を捜したりしたけれど、「これだ！」という人物に出会えなかったのだと言う。そんなときにふと頭に浮かんできたのが、叔父の堀内完が創設したバレエ団の舞台演出を手伝っていた僕だった。そしていまは蜷川さんの助手をしていると聞き、改めてやって来たというわけだ。

僕は俳優になるつもりなんて毛頭ない。ついでに言えば、蜷川さんも僕が俳優になることには難色を示した。蜷川さんは「俺も俳優をやったけど、向いてなかったんだよ。お前もとてもセンスがあるとは思えない。お前は俺の考えてることがわかるだろう。だから俺のそばにいろよ」と言ってくれた。いま考えても本当に嬉しい言葉だ。

そんな引き留めもあり、「やっぱり辞退します」と言ったが、「芝居ができなくてもいいから、何とか出演してくれ」と懇願される。それでも断ると「テレビ局に遊びに来てよ」「1回だけでもご飯を食べよう」などと熱心に誘われた。

その熱意に負けて「1回だけなら」とテレビ局に遊びに行くと、山田さんはとても僕では行けないような高い店に連れて行ってくれ、手を変え品を変え口説いてくる。僕が「芝居なんてできない」と言っても、「そこにいてくれるだけでいい」と言う。

またギャラもよかった。演出助手としては、清水邦夫、蜷川幸雄といった著名な先生方に師事できていたものの、こちらが〝勉強させてもらっている〟のだから、その手伝いは無給。ところが、山田さんから提示されたギャラは5万円。1973年当時の5万円と言えば、大卒の新入社員の初任給くらいだった。

結局僕は、山田さんの熱意とギャラに負け、「割のいいバイトだと思って、1回だけ出よう」と出演を決意する。あれほど社会主義に懸想していた僕が、あっさりと資本主義に魂を売った瞬間だ。後日、山田さんに、なぜ僕を起用したのかと尋ねたところ、「ナイーブで屈折したところがよかったからだ」と言われた。そのころの僕の本質を一目で見抜いたのだ。

朝ドラの影響で俳優の仕事が相次ぐ

撮影場所までは、なんとテレビ局がキャデラックを用意してくれ、送迎してくれた。デビューしたばかりの新人にキャデラックをあてがうなんて、いまではありえない好待遇だ。近所は少し騒然とし、僕も恥ずかしい思いをしながら車に乗り込んだ。

そしていざ撮影が始まると、緊張で右手と右足が一緒に出る始末。撮影が始まると、TBSの名物ディレクターとして知られた大山勝美さんから「なんのために来たんだ」「へたくそ」などの言葉を浴びせられた。「いてくれるだけでいいって言っていたのはそっちじゃないか」との不満は抱きつつ、僕自身もこれほど演技ができないのかと情けなく思っていた。

それでも放送が始まる前から「平凡」や「明星」といった雑誌に出演させられた結果、まだ放送も始まっていないのに、局の前にはファンが待つようになっていた。大正から昭和にかけての男女、友人、親子の愛情をテーマにした「わが愛」は、その年のテレビ大賞を受賞するほどの高い評価を得た。

すると放送の途中で、次の金曜ドラマにも僕が出演することが勝手に決まっていた。「1回だけって言ったじゃないですか」と抗議したものの、僕が僕の出演を知るころには、もう記者発表が終わっていた。本人が同意する前に記者発表されるという、人権を無視した話だ。でも山田さんからも「もう発表しちゃったんだからやるしかないよ」

と声をかけられ、そんなものなのかと納得するしかなかった。

次の作品は、「男はつらいよ」シリーズで知られる山田洋次監督がシナリオを書いた「遥かなるわが町」。芦田伸介さん演じる短大教授と倍賞千恵子さん演じるその娘、そして久我美子さん演じる古本屋のオーナーとその息子の僕の2つの家族を核とした物語だ。

美しい物語なのだが、そのころの僕は「どうしてテレビマンは綺麗な世界ばかりを撮りたがるんだ。正義だけが正しいわけではない。僕はそんないびつさを表現したい」といった気持ちを抱いていた。

とはいえ、どれだけ尊大な思いを胸に秘めたところで、演技は良くならない。顔合わせの日からして、ほかの出演者には山田監督が役作りについてアドバイスをする中、僕には「堀内君は問題外だね」の一言。その日はその山田監督の言葉が頭から離れず、演技はますます駄目になっていった。「ただいま」のセリフ一つで半日NGを出され続け、「やっぱり俺は俳優には向いてないんだ。もうやめてしまおう」とまで追いつめられた。

するとそんな僕に、撮影所の入り口で声をかけてくれた人がいた。渥美清さんだった。初対面なのに「もうどうしたらいいかわからないんです」と泣き付く僕に、渥美さんは「私も山田監督と初めて仕事をしたときはカメラを回してもらえませんでした。でも、負けないでくださいね」と温かく声をかけてくれた。会話をしたのはほんの数分間。でも、その数分間に、僕はとてつもなく慰められた。

芸能界に消耗し、神戸へ

1973年には石原裕次郎さん主演の「太陽にほえろ！」の犯人役として出演した。自分の楽曲を盗まれた作曲家志望の若者が、盗んだ者たちに復讐をしようとするも竜雷太さん演じるゴリさんに説得される―というストーリーだ。1話の出演で、そのギャラは10万円。1日バイトして1000円稼げるかどうかという時代に、役の上で悪いことをして改心するだけで10万円だ。そんな世界に染まってしまえば、なかなかほかの世界に移ることは難しい。

それでもしばらくは、「僕は俳優を辞めて演出家に戻るんだ」と思い続けていた。しかし1974年に放送された藤田美保子さん主演の朝の連続テレビ小説「鳩子の海」で〝ヒロインの憧れの人〟という役柄を与えられると、さらに俳優の仕事のオファーが舞い込むようになっていった。鳩子の海の最高視聴率は50％を超えており、その反響はすごかった。

余談だが、ヒロインの憧れの人たる冬人は60年安保闘争で警察隊と衝突し、ケガをする京大生という設定だった。そのわずか数年前に京大の前で大学入試粉砕デモに参加した僕としては、非常に皮肉な役どころでもあった。

さて、オファーは絶えなかったものの、僕に与えられる役といえば、ナイーブで屈折した美青年の役どころばかりだった。プロデューサーの石井ふく子さんなんかは「石坂浩二の後継者として育てたい」とも言ってくれた。だが僕はそんな〝綺麗なだけ〟の役には興味が持てなかった。もっとドロドロした、人間らしい役がしたかったのだ。

周りがさせたい役と僕のしたい役が異なるうえ、やりたくない役は断ってしまうのだから、俳優としては致命的だ。ときどき「堀内くんはこういう役ならやってくれるだろう」と話を持ってきてくれる奇特な監督やプロデューサーのおかげで、何とか俳優として生き延びられた形だ。石井さんも、「じゃあこういう役ならやるのね」と屈折した人間の役をときどき持ってきてくれた。

そんな生活を続けるうちに、子どもができた。子どもにはアトピーがあり、医者から空気の澄んだ場所への引っ越しを選択肢の一つとして提案された。引っ越し先をイメージし始めると、どんどん想像は膨らんだ。「せっかくなら、海と山があるほうがいい」「オシャレなイメージがある」……。そんな理由から、引っ越し先を神戸に決めた。

「神戸に引っ越します」と、所属しているプロダクションの先輩だった森繁久彌さんに言うと、「仕事が減るよ。それでもいいの?」と迫られた。そのほかの多くの俳優仲間にも反対された。それでも僕の意志は変わらず、1984年、神戸へ移住した。もう東京に戻ってくることはないと、建売ではあるが戸建ての住宅も購入した。周りには「もう俳優はやめる」と告げ、今度こそときどき演出の仕事にも携わりながら暮らそうと考えた。

これが、いままで神戸に来た理由を問われたときに答えてきた〝表向き〟の理由だ。これも嘘ではないが、本当のところを言えばここまで綺麗な話ではなく、ほかにも理由はある。むしろそちらのほうが大きかった。

実は当時、知人が神戸で調剤薬局を開いていた。ある日彼から「薬剤師の資格がなくても調剤薬局のオーナーにはなれる。薬剤師を雇えばいいんだから。実入りも悪くないぞ」と言った。僕は「これだ!」とひらめいた。

東京を離れなければ、僕はこれからずるずると俳優を続けることになる。「やってみれば」と水を向けた知人も、まさか本当に僕が神戸に来るとは夢にも思っていなかったかもしれない。それでも僕が本気だと知ると、調剤薬局を開く手助けをしてくれた。だからこその神戸だったのだ。

そして神戸行きを決めた最後の要因としては、罪悪感もあった。それは学生運動から逃げてしまった自分への罪悪感であり、逮捕されたり、死んでしまったりした仲間もいる中で、芸能界でぬくぬくとすごしている自分への罪悪感だった。

「自分の人生を生きるために、もう1度リセットする必要がある」

そんな思いでの神戸行きだった。

調剤薬局でバブルを実感

神戸に移ってからの生活は、想像以上に快適だった。「海に行こう！」「ザリガニ取りに行こう！」。その日に思いついたことがすぐに叶う。あらゆることが新鮮で、興奮の連続。実は子どもたちよりも僕のほうが新しい環境に興奮していたかもしれない。

近所の子ども達もいつの間にか、「おじちゃんあそぼう！」とチャイムを鳴らしてくれるようになった。近所の公園では子どもに交じって野球にサッカー、鬼ごっこを楽しんだ。「おじちゃん、そんなにムキになるなよ、相手は子どもだぜ」と言われたときには思わず笑ってしまった。

もともと神戸に知り合いは義兄しかいなかったけれど、子ども以外の知り合いも徐々に増えていった。その嚆矢はＪＲの駅員だった。僕が新幹線を使って神戸から東京に行く際、駅員から「俳優さんですよね。お仕事で来られたんですか」と声をかけられた。僕は「いや、いまは神戸に住んでるんだよ。よかったら今度お茶でもどうだい」と返した。

一事が万事そんな感じで、知人を増やしていった。洗濯屋さんに酒屋さん、近所のお医者さん……。一人友人が増えると、「知り合いを紹介しますよ」とどんどん知り合いが増えていく。飲みに行ったりゴルフをしたり、ソフトボールに参加したこともあった。ここで多岐に渡る職業の友人ができたことは、その後の芝居にも役立った。

医者の役が来れば医者から白衣を借り、弁護士の役が来れば弁護士からアドバイスを受けた。弁護士役では「日本一ド派手なスーツを着た弁護士」として知られる久保利明先生に助言を受けた。スーツを借りたときには、「あまりにも嘘っぽいです」と言われたが、久保先生の写真を見せると納得した。それでもなんせ本物が着ている衣装なのだから、芝居にもリアリティが増すというものだ。

このとき遊んだ子どもたち、友人たちが、震災後につくった「がんばろう!!神戸」の活動で力を貸してくれることになるとは、当時は当然想像もしていない。

１９８０年代後半は、日本全体がバブル景気で浮かれていた。僕が営む調剤薬局にも近くにある医院と提携していたおかげで、朝から晩までお客さんが来てくれた。儲けは想像以上だった。さらに僕は「もう俳優はやめる」と言って神戸に来たわけで、「俳優の仕事はもう来ないかもしれない」と覚悟していたけれど、関西在住ということで京都の太秦撮影所からお呼びがかかることはかえって増えた。それに当時はまだテレビ業界にも余裕があったから、わざわざ僕を呼んでくれる東京のテレビ局も少なくなかった。

本当の神戸市民になった

しかし神戸に来て10年ほどが経つと、薬局運営に暗雲が立ち込め始めた。まず連携していた医院の先生が高齢になるとともに、患者さんの足がどんどんと遠のき始めた。そしてバブルが崩壊。調剤薬局に来る患者さんは、震災直前の半分くらいになった。

そんなときに手を差し伸べてくれたのが、神戸三宮の「回転木馬」というミニラウンジで出会い、その後ことあるごとに手を差し述べてくれた、当時社会福祉法人「大慈園」の施設長だった松井年孝くんだった。彼は僕と同じ歳だけれどそうは見えない貫禄があって、いつもユーモアでいっぱい。漫画「じゃりン子チエ」に登場してくる親分が飛び出してきたような、「これぞ下町の兄貴！」といった存在だった。

薬局の経営状態の悪化を彼に話すと、「うちの老人ホームにお薬を配達してよ。これからの時代は待ってちゃダメだよ、出ていかなきゃ！これからは施設だって、地域に出ていく時代が来るよ！」と語り、ほかの配達先も次々と紹介してくれた。僕にとって、神戸で初めてできた親友と言える松井くんのおかげで、薬局は危機を免れた。

ほかにもいよいよ介護保険制度が始まるということで介護保険の勉強会を彼らと開くなど、プライベートの面でも仕事の面でも本当に助けられた。１９９４年には、「来るべき高齢化社会に備えて」というテーマで開かれた、２泊３日の船上での勉強会にも参加させてもらった。バブルの余韻がギリギリ残っていたころに企画されたもので、７００～８００人ほど乗船可能な大きな船での豪華な会合だった。参加者も医療や福祉の重鎮たちが揃い、全国の社会福祉法人の代表らが参加していた。

そのころの僕は薬局運営が厳しくなったことで、ようやくある意味できちんと経営者としての覚悟が決まってきたところだったし、医療従事者として医療や福祉の観点から日本を考えるようになっていた。そのため、勉強会でも高齢化について僕なりに真剣に考えていた。

震災が起きたのはまさにそのすぐ後のことだった。そのとき僕は、「いま神戸は沈没なのか座礁なのか」と考えたし、パブリックに放り出された高齢者にすぐ目が向いた。「これは超高齢社会の先取りだ」との危機感を真っ先に抱けたことは、震災の直前に船で勉強していた影響も少なからずあるだろう。

震災後は、全国から多くのボランティアが駆け付けた。2月に入ると、春休みに入った大学生たちもやってきてくれた。ただ3月末になり、新学期が近づくと、学生たちは帰っていく。「そろそろ地元に戻らなきゃね」と話し合う若者たちに対し、思わず僕は「君たちには帰るところがあっていいね」という言葉が口からついて出た。

三里塚闘争のときに、おじいちゃんから言われた言葉そのものだった。

あぁ、そうか。僕は神戸市民になったんだ。

心のどこかで「自分は東京出身で東京に実家もある。いざとなれば東京に戻ればいい」と考えていた。しかしこの言葉を口にした瞬間、その思いがいつの間にかなくなっていたことに気付かされた。たとえ生まれたときには縁もゆかりもない土地であっても、自分の意志一つでそこは自分の生きる場所になる。神戸という場所が、「僕の還る土」になったのだと思った。

俳優としての心構えも変わってきた。俳優の道を進んでから早四半世紀。僕にはずっとどこか浮遊しているような感覚があり、演じることに対しても空虚さを抱いていた。自分は誰に向かって演技をしているのか、誰に僕の演技が届いているのか……。

しかし自分で薬局を経営して市井に生きる人たちとまったく同じ目線で生活することで、ようやく地に足がついてきたことを感じていた。

また、１９９４年に始まったラジオ関西の「おはようラジオ朝一番」の影響も少なからずあった。第一章でも少し紹介したけれど、これは朝5時半～6時半までの生放送で、プロデューサーから「こういう番組が始まるので、せっかく神戸にいるんだったらやってくださいよ」と頼まれたものだ。僕は「朝早いしお金にならないしやだよ」と言ってはみたものの、心が暗くなるニュースは読まない、好き勝手にやらせてもらうといった条件で引き受けることにした。

番組では三宮の飲み屋で演奏しているジャズマンをスタジオに連れてきて朝から生演奏してもらったり、送信機を持ってスタジオを飛び出て、朝の須磨海岸を歩いている人にインタビューしたりと、本当に自分がやりたいようにやらせてもらった。その結果、番組は一年という短さで終わったのかもしれないけれど……。

ラジオに出てみて驚いたのは、その即時性だ。朝言ったことは当然ながら朝に伝わる。昼に商店街を歩けば、「堀内さんがさっき言ってたあれさぁ……」と話しかけられる。テレビドラマではおよそ味わったことのない経験だった。僕のやっていることが社会とこんなにもつながっていると感じられた点でも、ラジオを経験できてよかったと思う。

またとりわけ震災後は、市民からしばしば「堀内さん、もっとテレビに出てくださいよ！堀内さんをテレビで見るだけで、僕ら嬉しくなるんですから」といった声をかけられることもままあった。

そうして僕は、「ご当地俳優になろう」と心に決めた。もし僕が演技をしていることで、神戸のまちで元気になれる人が一人でもいるなら、それだけで僕が演技をする意味がある。演じることの意味を、ようやく見つけられた。

1995年12月には、神戸を舞台とした「男はつらいよ　寅次郎紅の花」が公開された。寅さんシリーズ48作目、渥美さんの遺作となった作品だ。

ストーリーとしては、このように紹介されている

阪神淡路大震災の直前、神戸から連絡があって以来、寅さんは音信不通。さくらや、おいちゃん、おばちゃん達は心配していた。一方満男は、久しぶりに訪ねて来た泉（後藤久美子）から、結婚の報告を受けてショックを隠せない。ヤケをおこして、岡山県津山市での泉の結婚式をメチャクチャにしてしまう。失意の満男は、奄美大島の加計呂麻島で出会った女性の親切で、彼女の家の世話になることに。その女性はリリー（浅丘ルリ子）で、なんと寅さんはそこで同棲

していた……

──

映画が撮られたのは、発災間もない神戸のまち。撮影中、僕は渥美さんに会いに行った。僕のことなんて忘れているだろうと思ったが、渥美さんは「覚えていますよ。俳優を続けていてよかったですね」と、当時と何も変わらない優しい表情で言ってくれた。僕の心は温かくなり、これまでの俳優人生が報われた気がした。「寄り添うとはこういうことか」と、渥美さんに気づかされた。この経験は、僕のボランティア活動にも大いに生きた。

「男はつらいよ　寅次郎紅の花」の最後のシーンは、復興の途上にある神戸の街を寅さんが眺めながら、「苦労したんだなあ。本当に皆さんご苦労様でした」とつぶやくシーンで終わる。俳優渥美清としても最後のセリフとなったこの言葉を、僕は渥美さんにも送りたい。

さて震災から日が経ち、俳優としての僕は、ウルトラマンシリーズでも知られる実相寺昭雄監督にはまり、ウルトラマンでの狂気じみた所長に始まり、乱心する公家や頭のネジが一本外れたような黒幕など、個性的な役がかなり増えた。綺麗な役は嫌だと思っていたけれど、まさか人外の役まで回ってくるようになるとは想定外だった。バブルが崩壊してテレビ局の懐も厳しくなり、なかなか東京まで僕レベルの俳優を呼ぶのは採算的に合わないこともあるが、年を重ねて、ようやく演じることが楽しくなってきた。これも本当に多くの人たちとの出会いのおかげだろう。

強制的に社会が変えられた震災

多くの日本人は、「日本は民主的な国だ」だと思っている。しかし、日本における民主主義は、決して国民の手で勝ち取ったものではない。敗戦後、アメリカの意向を汲んだものであり、上から押しつけられた民主主義だ。

それでも1970年くらいまでにかけては、学生運動を筆頭に「この国をもっとよくしたい」「差別をなくしたい」との思いで活動していた者も多かった。いまの若者たちは、「そんなことができるわけがない」と笑うかもしれない。でもそのときの僕たちには、「自分たちの手で、それが叶えられるはずだ」と本気で信じていた。

ただ結果としては、そのような思いは幻想に終わった。僕たちは完膚なきまでに叩きのめされ、残ったのは「消耗」と「挫折」だけだった。僕だけじゃない。当時を生きた多くの若者が同じ気持ちを抱えていたはずだ。

そして教育は強固な社会の仕組みと教育のシステムをつくりあげ、画一的な人間を育て上げることに成功した。「おかしいと思っても誰も声を上げない社会」のできあがりだ。

一方世界に目を転じてみると、多くの国では国民が血を流すことで民主主義を勝ち取ってきた経緯がある。その成功体験があるからこそ、「おかしい」と思えばすぐに声を上げる。

阪神大淡路大震災では、自らの身体から血が流れていても、隣に住む人たちを助けようとしている人たちの姿を見た。これはやはり、実際に自分の生きる社会で血が流されたことで、「自分がやらなければ」との思いが自然とあふれ出た結果だろうと僕は思っている。

僕らがどれだけ声高に大義を叫んだところで、世の中は変わらなかった。それが震災の発生で、世の中は強制的に変えられてしまった。結果、立ち上がる人が現れたのだ。

僕自身も、学生運動に残してきた未練が、阪神淡路大震災によって再燃した側面もある。しかも今回は、学生時代のような頭でっかちの「社会をよりよくしていくために」といった大きな主語だけで動いていない。神戸にいる大切な友人や家族たち。そして神戸のまちそのもの。それらの存在が、僕を動かす大きな原動力になった。僕の人生のすべてが「がんばろう!!神戸」に、そして「阪神淡路大震災1・17希望の灯り」につながっていった。

第五章　喪失、悲嘆はすぐそばにある

さてここからは、さらに「震災後」の社会に目を向けてみたいと思う。阪神淡路大震災から、世の中はめまぐるしいスピードで変わっていった。それでも、大切な誰かを喪った悲しみは、昔も、いまも、そしてこれからも、一ミリだって変わることはない。東日本大震災やチャイルド・ケモ・ハウス、果てはＮＨＫの朝ドラといった阪神淡路大震災以外のトピックにも触れつつ、〝喪われたいのち〟や〝記憶の継承〟などについて考えていきたい。

２０１１年３月11日午後２時46分

阪神淡路大震災は発災当時、「戦後最大の自然災害」と言われていた。しかし、そんな嬉しくもない称号を、東日本大震災がかっさらっていった。２０１１年３月11日に発生した東日本大震災は２０２４年３月現在、12都道府県で１万５９００人の死者、６県で２５２０人の行方不明者となっている。

東日本大震災の発災当日、僕は薬局に設置してある大きなモニターでテレビを見ていた。すると午後２時46分、わずかな揺れを感じた。ほどなくテレビが東北地方での大きな揺れを報じた。最大震度７、マグニチュードは阪神淡路大震災を超える９・０。……関西にまで揺れが伝わる地震……。被害はいかほどか……。そしてその後ほどなく、東北のまちを津波が襲った。時間が経つにつれ、その被害の大きさが明らかになっていった。

……なんてことだ……

多くの日本人がそうだったように、津波に飲まれるまちの光景に、その被害の大きさに、まずは茫然とするしかなかった。

そしてすぐに、「僕が、HADNSが、できることは何か」と模索し始めた。

東日本大震災でも、阪神大震災のときと同じように発災から数日経っても「支援物資が届かない」「ボランティアが来ない」といった市民からのSOSが発信されていた。「阪神淡路大震災で経験したこととまったく同じことが繰り返されている。あのときの経験が生かされていない」

僕は悔しかった。

HANDSとしてはこれまでも、1997年1月のナホトカ号重油流出事故に始まり、2000年の有珠山噴火、阪神淡路大震災以後はじめて最大震度7を記録した2004年の新潟県中越地震など、大きな自然災害での支援を行ってきた。その経験も活かし、考えついたのが、「たすきプロジェクト」だ。

たすきプロジェクトとは、各人が必要だと思うものを詰め込んだ「たすきバッグ」を用意し、それを被災地に送るというものだ。具体的には最低限一人分の着替えを上着から下着まで詰めて、性別とサイズをわかりやすい位置に書く。その際、ごみを入れないことと、必ず実名で手紙を入れることを強くお願いした。

「支援物資を送ろう」と言うだけでは、何を送っていいかわからない。でも、「自分が着のみ着のまま逃げてきたとしたら何がほしいか」であれば、自分事として考えられる。還暦を過ぎた僕が「必要だ」と考えるものと、小さな子どもを抱えた20代の女性が「必要だ」と考えるものはまるで違うだろう。ならば、その気持ちをわかる人が支援すればいいという考えだった。さらに阪神淡路大震災では、「現場でとくに必要とされていない物資」も少なからずあった。たすきバッグでは、その物資を使う人のことを自分に照らし合わせて想像することで、マッチングの精度を高めたいという思いもあった。

そして僕たちが重視したもう一つのポイントが、「現地の人たちに仕分けさせない」ことだった。避難所にいる人たちが「これが足りない」と言っていたとしても、その物資は自治体には大量に届いているのに、仕分けの必要性があるため人手が足りず行き届かない、というケースがあった。付け加えると、これも阪神淡路大震災のときからあった話だが、東日本大震災ではさらにこのケースが顕著だった。

たすきバッグであれば、何が入っているか一目でわかるから、仕分けの必要もない。現地では、「自分はこれがほしい」と自分が思うバッグを手に取ってもらうだけでいい。

手紙を入れるのは、そのバッグが被災していない地域から被災地のみなさんへの「ささやかなギフト」だから。普通、贈り物をするときには名前を書く。それと同じことだ。

それに団体と団体の交流だと、どちらかの団体の代表がその職責から退くことで関係性が終わってしまうケースがままあることを、経験から知っていた。発災当時には密に連絡を取っていたとしても、その後時間を空けて再度連絡を取ってみると「すみません、代表が変わりまして……。えっと、どちら様でしょうか」と言われてしまう。そこからも、個人と個人が結び付くことが重要だと考えたのだ。

すでに時代は個人の匿名性を重視するようになってきていることは、もちろんわかっていた。「自分の名前を書くのはちょっと……」と思った人もいるだろう。それでも、被災したみなさんにとっては、大量に配られた水や食料ももちろんありがたいけれど、「誰かが自分たちを心配してくれている」とはっきりとわかることが心の支えになることを、僕はよく知っていた。だからこそ実名でとお願いしたのだ。

手紙の内容は多岐にわたった。阪神淡路大震災を経験した神戸市民は、「いまはまちが再生するイメージが持てないかもしれません。私たちもそうでした。けれど必ずまちはよみがえります。落ち着いたらぜひ神戸に一度来てくださいね」などと書いていることが多かったようだ。

たすきバッグのアイデアを数日でまとめ上げてHANDS内で共有し、発災から1週間ほどでメディアにリリースを流してプロジェクトに参加してくれる人を広く募った。

「取材させてほしい」と連絡してくるメディアに対しては、「まず君がつくって持って来いよ」と言った。いの一番につくってきたのは時事通信の若い女性記者だった。中身はカーディガンに下着、飴や雑誌といったもの。カーディガンはなぜか半分は綺麗なのに半分は毛玉だらけ。「確かにちゃんと洗濯してあれば古着でもいいとは言ったけど、これはなんなんだよ」と言うと、「仕事が忙しくて半分しか取れなかったんです……。でもこのカーディガンは幸運を運んでくれるカーディガンなんです！そのことを手紙に書いて、毛玉取りも一緒に入れました」と強弁する。

そして彼女は、自分がつくったバッグと一緒に記事にした。その記事を読んだほかのメディアの記者もまずはバッグをつくり、記事にしてくれた。その記事を読んだ人からたくさんのバッグが届けられた。ご高齢の方に向けたもの、子どもに向けたもの……、狙い通り、さまざまな年代に向けたバッグが集まった。衣類のほかには、お酒やたばこなんかを入れたバッグも相当数あった。

ストレスがかかる中、お酒やたばこなどの嗜好品を求める人は決して少なくない。僕が現地に行ったときには、津波に浸った自動販売機を壊してそこからたばこを取り出し、完全にふやけてしまったたばこを乾かしてから吸っている人の姿も見た。東日本大震災でも、震災の中でも整然とした姿を取る日本人の姿ばかりが報じられていたが、人はそんなに強くはない。

たすきバッグを送る場所の選定についても、記者が助けてくれた。ちょうどその前の年のクリスマスイブ、僕は読売新聞の記者である北口節子さんから取材を受けていた。神戸支局から東京本社に移った彼女は著名人のコラムを任されたものの、知り合いに著名人がいないということで僕に「助けてください」と電話がかかってきたというわけだ。僕は誰もが知っている有名人、ではないかもしれないけれど、「そんなことなら」と引き受けた。

そんな彼女が、取材で被災地に入っていると知った。そこでプロジェクトの概要を説明し、「現地で協力してくれそうな人がいたら連絡してほしい」と電話した。東北の人たちというのは、奥ゆかしい人たちが非常に多い。だからこそ、こちらが勢いのままに押しかけてもうまくいかない可能性がある。これから息の長い支援を続けるためにも、重要なのは現地の人とつながり、現地の人たちが活動することだと思い、お願いしたのだ。

北口さんは取材のかたわらで、大船渡高校の野球部の監督や岩手県陸前高田市で区長を務めていた藤原直美さんらを紹介してくれた。そうして彼らと連携し、送る場所や個数を調整した。こちらで集まったバッグすべてを送ってしまえば、相手方の希望を上回る分量を送ってしまうおそれもある。そこで現地から必要な数を伝えてもらい、ニーズを確かめてから現地に送付した。送る際には神戸のロータリークラブやライオンズクラブ、クロネコヤマトも手伝ってくれた。

丸一年のたすきバッグプロジェクトで送り届けたたすきバッグ・グッズの総数は実に3万7250個。かかわってくれた人たちの総数はのべ5万人以上にものぼった。アメリカ、ドイツ、イギリス、スウェーデンなどからも届いた。なおこのたすきバッグは2016年に発生した熊本地震の被災地にも送らせてもらった。

震災から1年以上が経過した後、僕がまったく別の仕事で仙台を訪れたときのことだ。僕が食事をしていると、隣に座っていた女性から「どこからいらしたんですか?」と話しかけられた。僕が「神戸からです」と答えると、その女性は「震災のときには神戸の人に助けられました。『たすきバッグ』というバッグが送られてきて、洋服も私のサイズと一緒だったんです」と言う。できすぎた話だのようだが、誇張はない。

手紙を同封したことで、「その後も手紙のやり取りが続いている」というケースもある。僕自身にも、いまだに被災地からサンマを届けてくれる人もいる。ある人は、わざわざ神戸の1・17のつどいを訪れてくれた。そんな人と人とのつながりが生まれたことを、僕は何より嬉しく思う。

東日本の被災地には、「希望の灯り」の分灯も行っている。まずは最大18・3mの津波が押し寄せ、市役所を含む市の中心部が壊滅状態となり、1800人以上が亡くなった陸前高田市。たすきバッグの送付でも大きな力になってくれた同市の区長の藤原さんが尽力してくれ、同市で「希望の灯り」を分灯する「3・11希望の灯り」を建立する計画が進んでいった。

だが希望の灯りを建てることに、市は難色を示した。「火を使うので、山火事が起きるおそれがある」との懸念からだ。ただそこでも得意の口八丁でなんとか乗り切った。藤原さんを9月に神戸にお呼びしたとき、ぼそっと藤原さんがつぶやいた「陸前高田にも希望の灯りがほしい」との思いを、何としても叶えたかったのだ。

そうして紆余曲折を経て２０１１年12月、まちが見下ろせる高台に建てられた「気仙大工左官伝承館」の敷地内に希望の灯りが建立されるに至った。〝本家〟と同じように、石の台座のうえにガラスケースが置かれ、その中に火を灯した。

そしてその動きを知った、東京電力福島第一原発事故により原子力災害区域に指定された福島県南相馬市では２０１２年３月に、震災によりまちの７割が壊滅した岩手県大槌町では２０１２年11月に、希望の灯りが分灯された。生き残った人たちの〝生きている証〟としてゆらめく炎が、神戸から東北に広がっていった。いまや「希望の灯り」は、いま挙げた市町に加え福島県いわき市、同県大熊町、常盤市、新潟県小千谷市、広島市に設置され、日本を飛び出して台湾でもその灯りが燈されている。

その後も神戸と東北の縁は続いている。１月17日には東北の希望の灯りから神戸に祈りを届けてくれる人がいるし、３月11日には神戸から東北へと祈りを届ける。交流テントに訪れてくれる東日本大震災の経験者もいる。

東日本大震災発災から間もないころの交流テントでは、神戸の被災経験者たちが口々に、「いまはつらくても、『生きているだけでいいんだ』と思える日が来るから」「私たちも同じ思いを抱えています。悲しみは消えなくても、抱えたまま生きていけることができるようになります」

などといった言葉を投げかけた。その言葉を深く心に刻み込んだ方たちもいた。

朝ドラ「純と愛」が描く喪失と悲嘆

東日本大震災から1年と経っていない２０１２年1月、ＮＨＫは87作目の連続テレビ小説を「純と愛」とすることを発表した。まだ覚えている人もきっと多いことだろう。ヒットメーカーとして知られる遊川和彦さんが脚本を書き、夏菜さんがオーディションでヒロインの座を掴んだ。

「純と愛」の次の朝ドラが「あまちゃん」。直接的に東日本大震災を描いた「あまちゃん」と異なり、「純と愛」では直接東日本大震災を描いているわけではない。けれどこのドラマは、まぎれもなく東日本大震災で被災された方に対するエールでもあった。

２０１１年のある日、「純と愛」のチーフプロデューサーを務めた山本敏彦さんから僕の元へ電話がかかってきた。いわく、「僕はこのドラマで被災地に対するエールを送りたい。阪神淡路大震災でいろんな経験をしてきた堀内さんに、ぜひ話を聞かせてほしい」という。

そこで震災で子どもを喪った白木さんや松浦さんにすぐに引き合わせ、２００1年の大教大付属池田小児童殺傷事件のご遺族にも引き合わせた。同じ〝死〟でも、その形やご遺族の受け止め方はさまざまだ。それでも、「喪失と悲嘆の中にいる方たちに対し、ドラマを通じていつの日か少しだけでも前を向けるようなメッセージを送ってほしい」との思いだけは共通していた。

「純と愛」を知らない人のために、あらすじをNHKから引用してみたい。

―――

大阪生まれで沖縄・宮古島育ち、正義感が強く熱い女性・狩野純。著名な弁護士夫婦の息子で人生を悲観的に歩む冷めた男・待田愛（いとし）。そんな凸凹の男女が結婚し、純の実家、宮古島のホテル再建へ向けて動き出す。お互いの家族や大阪下町の人々を巻き込み、「何よりも人の喜ぶ笑顔が見たい」と奮闘する2人の姿を描いた。

―――

ここでは綺麗にまとまっているが、実際の「純と愛」は朝ドラの視聴者からは評判が悪かった。それもそのはず、この朝ドラでは、「これでもか」というくらいに主人公に不幸がふりかかった。親と衝突して家出同然に飛び出してきたヒロインだったが、実家のホテルは買収され、新しく勤めたホテルは火事で焼失。母は認知症になり、父は溺れて亡くなる。自分の手でホテルをつくろうと決心するも、オープン日に台風がやってきて建物は損壊。きわめつけは、ヒロインを常に支えてくれていた夫の愛が脳腫瘍に倒れ、手術をするも昏睡状態で目を覚まさない。

普通の朝ドラであれば、最終回で愛が目を覚ますか、覚まさなかったとしても指がピクリと動く、といった描写をするのが普通かもしれない。けれども「純と愛」ではそんな奇跡も起きなかった。最終回でも、愛は目を覚まさないままだ。ヒロインがどれだけがんばっても、全然幸せにならないし、ハッピーエンドにもならない。「朝ドラは爽快な気分になりたい」と考える普通の視聴者の心には刺さらなかった。

でも本来、人生とは喪失と悲嘆の連続なのだ。「幸せだ」と感じられる時間はそんなに長くはなくて、苦労している時間のほうがよっぽど長い。だからこそ人は、つかの間の幸せに尊さを見出す。喪失と悲嘆は、等しく誰のそばにもある。プロデューサーにはそんな僕の想いを伝えていたが、まさにその想いを描いてくれたというわけだ。

ちなみに企画段階では愛が死んでしまう構想で進んでいたが、「少しくらいは希望を残そう」との意見が次第に優勢になり、「昏睡状態から目を覚まさない」結末に落ち着いた。

「純と愛」を「史上最悪の朝ドラ」と評する人もいる。けれど、喪失を体験した人に寄り添う「グリーフケア」の世界では、本当に高く評価された。「これはまさに喪失と悲嘆の物語。テキストとして使いたい」と連絡を寄せてくれた関係者もいた。

余談だけれど、「純と愛」には僕も出演している。僕は企画づくりの付き合いだけだと思っていて、もう僕の役割は終わったと思っていたころに来た出演オファーだった。「風間俊介くん演じるヒロインの夫の父親役を探してるんだけど、なかなかぴったりの人がいない。ついては堀内さんにやってほしい」と言う。

よくよく話を聞いてみれば、「キツイ奥さんを怖がって若い女性と不倫を繰り返す男」という、どうしようもない男の役だった。「僕が不倫親父にぴったりということか!?」と少しは思ったけれど、思い入れの深いドラマだったこともあり、そのオファーを受けた。

初めての登場シーンは、ホテルから若い愛人と出てくるシーン。妻役は若村麻由美さんで、「こんな美人の奥さんがいながら浮気なんて……」と心の中では思うものの、粛々と不倫親父の役を演じた。「朝ドラの反響はすごい」とは1974年に「鳩子の海」に出たころから実感として知ってはいたが、今回も神戸のまちを歩いていると、道行く市民から「堀内さん、あんなことしちゃだめよ。あんたは被災地の希望の星なんだから」と真剣に怒られることもあった。

「純と愛」は初期の段階から評判が悪かったから、撮影中もみんなこのドラマの評判が悪いことはわかっていた。「朝ドラ」に憧れを抱く役者は多い。念願が叶ったと思ったらそんな評判なのだから、現場の空気は当然ながら暗くなる。とくにヒロインの純役の夏菜さんには大変なプレッシャーがかかっていた。

そんなとき、また僕はご遺族を呼び、出演者との交流の場を設けた。松浦さんを始め、ご遺族の方たちは「このドラマを見ていると、『私たちのことを本当によくわかってくれている』と感じます。いま私たちに希望を与えてくれているのはこの番組なんです」と涙ながらに語り、夏菜さんも泣いた。そして僕も言った。

「こんな風に、このドラマで救われたと話してくれる人がいる。誰か一人にでも希望を届けられるなら、大きな意味があるじゃないか」

ちなみに、2024年9月から始まった朝ドラ「おむすび」も、阪神淡路大震災が大きく関係している。橋本環奈さんが演じる主人公とその両親は、阪神淡路大震災発災時、神戸に住んでいたという設定だ。

そもそも、「おむすび」という単語そのものが阪神淡路大震災と深く関係している。「おむすび」はヒロインの幼少期のあだ名でもあるが、それだけではない。NHKの朝ドラ紹介ページでは、次のように紹介されている。

「震災の後、避難所で途方に暮れていた人々の元に、周りの地域から多くの〝おむすび〟が届けられました。人は何か大きな出来事が起きた時、支え合って生きていくことができる――その〝強い結びつき〟を忘れないために、この日が「おむすびの日」に制定されました」

1月17日は、「おむすびの日」なのだ。

物語の力は偉大だ。普段、震災や防災興味を持っていない人でも、物語には没入してくれることがある。そういう意味で、やはりメディアの存在は非常に重要なのだ。

なお、僕は「おむすび」にも出演させてもらうことができた。主人公の両親が営む理容店がある商店街の中華料理屋の店主という役どころだ。主要人物ではないが、かかわらせてもらえたことは純粋に嬉しい。

これも、元をたどれば「純と愛」に行きつく。「純と愛」撮影時に若手だったディレクターの盆子原誠さんが2015年に放映された菅田将暉さん主演のドラマ「二十歳と一匹」を手掛けることになり、また僕のところに「話を聞きたい」とやって来た。そこでやっぱり震災のご遺族を引き合わせ、「喪失と悲嘆を感じられるような物語にしてほしい」と頼み込んだ。このドラマにも企画段階からかかわらせてもらい、カメオ出演を果たした。

そして今回の「おむすび」にも、その盆子原さんがかかわっている。メディアとしても単に「30年の節目だから」というわけではなく、しっかりと震災に向き合っている人間が、何とか思いをつなごうとしているのである。

チャイルド・ケモ・ハウス理事長に

革命家気取りの学生運動、俳優、「がんばろう!!神戸」代表、「認定特定非営利活動法人阪神淡路大震災1・17希望の灯り」理事長……。いろんな肩書を経験してきた僕だけれど、「チャイケモの代表になってください」と言われたときには少し逡巡した。

チャイケモとは、公益財団法人チャイルド・ケモ・サポート基金のこと。同基金は神戸でチャイルド・ケモ・ハウスを運営している団体だ。「ケモ」とは「化学療法（chemotherapy）」を指す言葉で、とくに抗がん剤治療で使われる。要するにチャイルド・ケモ・ハウスとは、小児がんにかかってしまった子どもたちとその家族が滞在するための施設を指す。神戸市から土地の無償貸与を受け、日本財団や設計・施工を手掛けた積水ハウスらの寄付により、２０１３年に完成した。

その打診を受け、僕はまず現地を見に行き、小児がんのお子さんを持つ家族とお話する機会をいただいた。話の最中、母親は「まさかうちの子が……」と涙ながらに絞りだした。その姿は、事件や事故、災害でご家族を亡くされた方とまったく同じだった。

チャイケモの理事長は僕がやらなくても、誰かがやらなければいけない。社会的にも求められている仕事だ。僕に医学的な知見はない。けれど、つらい思いを抱えている人たちに寄り添うことならできる。

また僕自身にも、2016年に生まれた息子がいる。話を打診された当時、息子はまだ5歳だった。妻と二人、子どもの笑顔と可能性に目を細めながら、一日一日成長していくわが子を深い愛情で包み込む。ずっとご遺族の支援をしてきたからこそ、そんな日々の尊さが骨身に染みていた。

でももしいま、「あなたの息子は難病です」と言われたら……。そう考えるだけで、思わず身がすくんだ。だが、チャイケモにいるご家族は、みんなそんなつらい思いを経験した方々だ。そんな方々に対し、僕でもできる何かがあるかもしれない。その想いから、代表理事就任の話を引き受けた。

ただ僕が就任したころ、19床あるうち、たった3床しか使われていなかった。県立こども病院や神戸陽子線センターにほど近い場所にあり、全国からご家族がやってきているというのに、それらの施設との連携がうまく取れていなかったのだ。

チャイケモは、大阪大学の医師たちが中心となってつくりあげた施設だった。その施設に対し、神戸の医師がいい顔をしないことも一つの大きな要因だった。現に僕が協力を頼むと、「阪大の先生に頼めばいいんじゃないですか」という医師もいた。僕は医学界の欲望と打算を描いた田宮二郎さん主演のドラマ「白い巨頭」にも若い医師の役で出演したが、「あのときドラマで描かれたヒエラルキーは、本当に存在するのか」と実感した瞬間だった。

ただ「営利組織でないとはいえ、こんな運用じゃあいけない」と思った僕は、改めてこども病院を始め、医療関係者との人脈づくりから着手した。医師がチャイケモを勧めるわけではなくても、医療関係者から「チャイケモという施設もありますよ」というだけで随分と違うからだ。人脈づくりは僕の得意とするところ。ほどなく入床率はぐんと高くなった。

チャイケモをよりよい環境にすることには腐心した。僕がまず着手したのは、家族の過ごし方を改善することだった。着任してすぐ、僕が伸びきった草を刈っていたとき、チャイケモに滞在している子どもの母親が買い物から帰ってきた。そこで話を聞くと、「もうしばらくまともなご飯を食べていない」「シャワーもろくに浴びることができていない」と言う。こども病院にはシャワーが一つしかなく、そのシャワーも多くの家族が使うために、いつも予約でいっぱいだからだ。

施設の存在意義からして、子どもが安心して過ごす環境を整えることは言うまでもなく最優先だ。だけど、「子どもを支える親だって大事なんだ」という部分を、もっとアナウンスして、変えていくべきだと考えた。

子どもを支えるはずの親が倒れてしまっては元も子もない。そこでまずは滞在費を削減した。宿泊費は小さい部屋で一泊1000円、大きい部屋で1500円。一般的なホテルの宿泊の感覚からすれば「安い」と思われるかもしれない。

でも僕が理事長になってから数カ月の間だけで、鹿児島、熊本、高知、愛媛、香川、広島、岡山、和歌山、名古屋、神奈川、千葉から家族がやってきていた。もちろん必要となるのは滞在費だけではない。交通費も食費も必要となる。しかも子ども一人だけで滞在するのは無理だから、必然的に親も一緒にやってくる。そうなると、その親は仕事から離れざるを得ない。また、ここに来るような子どもの病気は、ひと月やふた月で治るものでは到底ない。

大きい部屋の宿泊費が月4万5000円だとしても、それが続けば馬鹿にはならない。また小さいお子さんが多いので、その親といえばまだまだ若い。そんな若い夫婦にとって、金銭的負担が大きくのしかかることになる。実際、1泊1000円の部屋はキャンセル待ちなのに、1500円の部屋は空きがあるという状態だった。

そこで、宿泊費はどの部屋でも一律1000円とした。できるだけ下げてあげたいが、チャイケモを運営していかなくちゃならないということでギリギリのラインだった。あとは「これがあったらいいのにな」というAmazonが運営する「ウィッシュリスト」を公開するなどして支援を募り、食料品や飲料水、日常雑貨などを自由に持っていっていいコーナーを設置した。

次に問題だと思ったのが家族自身の生活。どうしても子ども中心の生活となってしまい、親である自分のことは二の次、三の次だ。ご家族の中には「ごはんはいつも簡単に食べられるものを買ってきて済ませます」「長い間湯舟には浸かってません」と話す人も多かった。

そこでまずは親御さんに対して、チャイケモから豚汁と炊き立てご飯をお出しした。「炊き立てのご飯を食べられるのは半年ぶりです」と涙を浮かべるお母さんもいた。毎日は難しくても、ときどきはチャイケモで温かいご飯を食べさせてあげたい。そうしてときどき豚汁やカレーなどを提供するようになった。

ボランティアの美容師にも協力してもらい、月1回の散髪タイムも設けた。ご飯すら満足に取れない環境の中で、「散髪に行く時間なんてない」と話す親御さんは多かった。ただ「せっかくだし切ってもらいなよ」と声をかけ、散髪してもらうと、とくにお母さんの表情がどんどん変わってくるのだ。

ここでも、「そんなことくらいならできる」の精神だ。患者の家族には、「どれだけのことができるかはわからないけど、あなたが希望することや、チャイケモにあったら嬉しいなということを全部言ってほしい」と伝えた。

最初にその言葉を伝えた、脳腫瘍で入院していた遠藤礼桜くんの母親である緑さんは、「自転車のチェーンカバーがほしい。スカートを履いていると引っかかって危ないから」と言ってくれた。正直、予想していなかった要望だった。当事者に聞いてみなければわからないとはまさにこのことだ。僕はすぐに自転車屋に行ってカバーを買い求めた。それを緑さんに伝えると、「もう取り付けてくださったんですか！」と喜んでくれた。

新型コロナウイルスが蔓延すると、ご家族はさらに閉塞的な環境に追い込まれた。そんな中でも感染予防をしっかりと講じたうえで小さな花火大会を開催するなど、なるべくチャイケモでの時間を楽しんでもらえる環境づくりを心掛けた。

忘れられない子どもたち

チャイケモは、生と死が紙一重の環境にある。だからこそ、無事退院できて「元気でね」と送り出したときには、万感の思いがこみ上げる。

たとえば先に挙げたばかりの礼桜くんは、2歳2カ月で脳腫瘍が見つかった。腫瘍を全摘したものの、陽子線治療を行うために、名古屋市からチャイケモにやってきた。僕の顔を見ると、嬉しそうに抱き付いてきてくれた礼桜くん。そんな礼桜くんは合併症の急性脳症によって後遺症が残ったものの、それでも元気に退院することができた。

退院から数年が経ったが、母親の緑さんとはときどき連絡を取り合う仲だ。彼女は言う。

「礼桜は後遺症こそ残ってはいますが、それでも元気にどんどん成長していってくれています。そんな姿を見せることだけでも、誰かの希望になるかもしれないと思って過ごしています」

死を強く意識させられたからこそ、親が子にそそぐ愛情がより一層深くなり、家族の結束も高まったのではないかと、遠藤さんのご家族を見ていると僕は思う。

そんな遠藤さん家族には、名古屋に戻ってから新しい命が誕生した。礼桜くんとそのお兄ちゃんの快青くん、そして翠夏ちゃん。その3人の兄妹が元気に育ってくれることだけが、緑さんと夫の正友さんの願いだ。

ただチャイケモでは、滞在した子どもの2〜3割は残念ながら滞在中に亡くなってしまう。

残りの7〜8割の子どもたちも、病状が良くなって家に戻ったと思っても、残念ながら再発し、また戻ってきてしまうことも珍しくない。一人ひとりの子ども、そしてその家族の姿が、いまも僕の胸の中にしっかりと残っている。

あるときには、脳腫瘍の女の子の七五三の撮影会をチャイケモで開いた。女の子はもうすぐ4歳になろうとしていて、もはやこれ以上、脳腫瘍の進行を食い止めるのが難しい状態になっていた。

女の子は、その子のお母さんが幼いころに着た赤い着物を着て、にっこりと笑った。そしてお父さんに抱っこをせがみ、キスをした。お母さんもお父さんも、僕もスタッフも、泣きながら笑った。その3週間後、女の子は天国へと旅立った。僕はいまもときどき、そのときに撮った写真を見返している。

こんな子もいた。チャイケモに来る子どもたちは、小さな子が多い。そんな中では珍しく、中学2年の男の子がいた。名を野崎幹介くんと言った。幹介くんは3歳のころに筋ジストロフィーと診断され、小学5年生のときに希少がんの一つである骨肉腫を発症した。

小さいころから闘病を余儀なくされた幹介くんは、どこか世の中に拗ねたところがあった。そんな幹介くんに僕は、「仮面ライダーは好きかい?ウルトラマンは?」と聞いた。幹介くんが「好きだ」と答えると、「実はおじさん、仮面ライダードライブにもウルトラマンネクサスにも出てたんだよ」と告げてみた。一瞬怪訝な顔した幹介くんだったが、すぐに「あっ本当だ！悪い奴だ！」と気付いてくれた。

「我慢なんかしなくていい。とりあえず自分がしたいことは何でも言ってみろ。できるかどうかは別だけど、言うだけはタダだから」

こんなことを告げると、幹介くんは少しずつ、僕に少年らしい無邪気さを見せてくれるようになった。「何かやりたい？」と聞いてみたところ、「仮面ライダーの展示会を見に太秦映画村へ行きたい」「吉本新喜劇を見てみたい」と言った。僕は「よし、行こう」と告げ、自分の車で連れて行った。

太秦映画村では「仮面ライダーオーズ」の主演である渡部秀さんが、吉本新喜劇では吉田裕さんが幹介くんのために骨を折ってくれた。筋ジストロフィーに加え骨肉腫を発症した彼の人生は、苦難の連続だった。小さな体で何度も手術を経験した彼の人生を少しでも彩るために、僕ができることならなんでもしてあげたかった。「仮面ライダーに会えた」と目を輝かせる幹介くんを見て、その想いはさらに強まった。

チャイケモを離れるとき、幹介くんは僕に手紙を手渡してくれた。そこには、こう書いてあった。

「最初は神戸へ来るのが不安でしたが、堀内さんのおかげで楽しく過ごすことができました。ぼくは、福岡へ戻って病気を完治させるようがんばります。また神戸へ遊びに来たいので、そのときはよろしくお願いします。いつまでも元気でがんばってください。ありがとうございました。　堀内さんファン最年少代表　野崎幹介」

……こんなの……泣くしかないだろう……。

しかし、幹介くんの「病気を治して神戸にまた来たい」との思いは叶わなかった。福岡の病院に戻った幹介くんは、ほどなくその生を終えた。天国から僕を見てくれている最年少ファンのためにも、僕はがんばらなくちゃいけない。そう思わせてくれる幹介くんは、僕の中でいまも生きている。

レモネードスタンドの広がり

チャイケモを一つの起点に、広まっている運動もある。それがレモネードスタンドだ。もともとレモネードスタンドと小児がんのつながりはアメリカで生まれた。アメリカでは、簡単につくれるレモネードは子どものお小遣い稼ぎの手段として広く用いられている。そんなときある小児がん患者の少女が、「自分と同じ病気の子どもたちのために、治療の研究費を寄付したい」との思いから自宅でレモネードスタンドを開いたのだ。この活動が全米で広く報じられると、レモネードスタンドは小児がん支援のアイコンになった。

チャイケモに滞在してくれていた奥嶋琉生くんの両親である健太郎さんと愛さんも、疾患のある子どもの家族のためのグループ「れもんの木」をつくり、琉生くんの2歳上のお兄ちゃんの凛生くんとともにイベントなどでレモネードスタンドを出店している。

琉生くんは3歳のころ、急性骨髄性白血病と診断された。治療はつらいものだったはずだが、僕の見る琉生くんはよく笑顔を浮かべていた。本当にかわいい男の子だった。しかし病魔は容赦なく琉生くんをむしばみ、4歳になった琉生くんは天国へと旅立った。

琉生くんの両親と凛生くんは、悲しみを抱えながらも、前を向いた。「支えてくれた人たちに恩返しがしたい」「もっと小児がんに関心を持ってもらいたい」——。このような思いから、医療的ケアを必要とする子や病気を抱えている子、残念ながら天国に行ってしまった子どもたちのことを話すことができるボランタリーサークル「れもんの木」をつくったのだ。琉生くん家族が暮らす兵庫県多可町で開かれたレモネードを販売するイベントには、僕も駆けつけた。

兵庫県伊丹市では、豊田亜紀さんが「太陽の会」を立ち上げ、小児がん支援を行っている。

亜紀さんの長男陽音くんは、小学校1年生で小児脳幹部グリオーマを発症。病院で「1年生きられる可能性は50%」と告げられた。放射線治療を受け、一時は学校に通えるまでに回復したものの、病状が悪化して8歳で旅立った。6歳下の妹をかわいがり、当時亜紀さんのおなかの中にいた赤ちゃんの誕生を心待ちにする、本当に優しいお兄ちゃんだった。

山越早織さんも、長男の颯介くんを小児脳幹部グリオーマで亡くした。颯介くんは目の不調を訴えて受診したところ、転院の末に「余命1年」と宣言され、チャイケモにやってきた。颯介くんは家族を想って闘病中もわざと明るくふるまえる、芯の強さを持った男の子だった。早織さんは、「颯介の死を悲しんだままで終わらせたくない」と、レモネードスタンドの活動に参加することを決めた。

「理不尽な死」は誰にだって訪れる。それは子どもであっても免れない。ここで紹介した子どもたちは、みんな本当にいい子だった。そんな子どもたちが闘病をがんばる姿を見て、僕でさえ何度「代わってやりたい」と思ったことか。それが親ならなおのことだ。ときには、「私がもっと元気に産んであげていれば」と苦しみを抱えるお母さんもいる。それでもどうにか前を向き、「同じ苦しみをほかの誰かに味わってほしくない」と活動できる人たちの強さ……。僕はその人たちにとても頭が上がらない。

山越さんご一家

遠藤さんご一家

野崎さんご一家

奥嶋さんご一家

レモネードスタンドを開いているのは、子どもを亡くした方たちだけではない。アメリカから帰国した前田ノリヨさんご家族が中心となって立ち上げた、「神戸レモネードスタンド」、神戸市北区で活躍する「NORTHレモネット」などがレモネードスタンドを通じて小児がん患者を支援してくれている。ほかにも神戸市中央区で「庶民の台所」として知られる大安亭市場の喫茶店「大安亭エンヂニア珈琲」では、レモネードスタンド用にマスターがカウンターまでつくってくださった。

「1・17のつどい」から始まったレモネードスタンドもある。つどいに生徒を引率してやってきた神戸学院大学附属中学校の吉田尚弘先生から、「文化祭でレモネードスタンドをやらせたいんです」と相談があったのだ。その先生は、普段からレモネードスタンドを紹介する僕のFacebookを見てくれていたのだ。

僕は「それはいい試みじゃないか」と応えた。先生は「堀内さん、生徒に説明してくださいよ」と言ったが、それは断った。僕が主導する形になるのが嫌だったからだ。その代わり、レモネードスタンドを実際にやっている人たちを紹介した。

文化祭を見に行ってみると、生徒たちは真摯にレモネードを売っていて、そのかたわらにはレモネードスタンドの由来が書かれた絵本やチャイケモのパンフレットなどが置かれていた。

買いに来た子どもが絵本に興味を示すと、生徒の一人が「お姉ちゃんが絵本を読んであげようか」と、その場で読み聞かせ会が始まった。こういう場が広がっていくことで、少しずつでも着実に小児がんの認知が広がっていくはずだ。

僕は「新しくレモネードスタンドを始めたい」と思う人がいれば、すでに始めている人たちを紹介するし、イベントがあれば飛んでいく。応援してくれる人がいれば引き合わせる。「同じ思いを持った仲間がいる」「応援してくれる人がいる」……。これらを実感することが、活動を続けるうえで大きな力になるからだ。

チャイケモから去る

そんな風に僕の想いと時間を費やしたチャイケモだったが、2024年春で理事長の職を辞した。僕はある種スタンドプレーを取っていたようなものだから、スタッフの中には、こういう僕の姿勢を好ましくないと思う人もいた。スタッフとしても、みんな「できることはなんでもやってあげたい」とは思っている。でも、子どもたち、家族の要望すべてに応えるには、スタッフの数は足りなさすぎる。僕は、「全員の希望に応えることはできないかもしれない。でも、できることはやろうよ」という考えだが、スタッフの中には「それは公平性に欠ける」と思う人もいる。震災時に100人いる避難所で90人分のおむすびを配らない行政と同じ論理だ。

難しい選択だけれど、それでも僕はやってあげたい。幹介くんの話でも、幹介くんの死後、両親はわざわざ僕のところを訪ねてきて、「幹介はこの場所が大好きでした。私もいつかこんな場所をつくりたいと思います」と言ってくれた。

手を差し伸べれば、多くの人は「次は自分があのときに受けた恩を返す番」だと思い、行動してくれる。中には「チャイルド・ケモ・ハウスに恩返ししたい」と言ってくれる人もいた。でも僕は、「その気持ちは嬉しい。けれどどうか、ほかの苦しんでいる人たちを助けることも考えてほしい」と告げる。

僕の考え方は常に「ペイフォワード」。受けた恩をその人に返すのではなく、別の誰かを助けるべきだと考えている。レモネードスタンドの広がりも、その想いに呼応したものであるとも思っている。チャイケモに恩を感じている人がチャイケモだけに恩を返せば、そこで関係が終結してしまう。でもチャイケモに恩を感じている人がレモネードスタンドを開けば、チャイケモを知らない人にもチャイケモを知ってもらうことができるかもしれない。

そうすれば、もともとチャイケモのことを知らなかったような人たちが関心を持ってくれたり、寄付をしてくれたりするようになるかもしれない。もしくはまったく別の形で子どもの病気への関心を持ったり活動したりするようになるかもしれない。「チャイケモだけ」に目を向けるのではなく、社会全体への広がりという観点からは、もっと広く見つめたほうがどう考えたって影響が大きいと思う。

「玉子焼きを通じて世界中を笑顔に！」のスローガンで事業を展開している山田製玉部の山田勝宏社長も、ひょんなことから「ＮＯＲＴＨレモネット」を知って、その活動にいたく共感し、ご自身も積極的に活動にかかわるようになった。その過程で僕とも知り合い、意気投合したのだけれど、そんな出会いが日本中、世界中のあちこちで起こり、もっと優しい社会になることを僕は願っている。

ただやはりスタッフの中には、その考えに賛同しない人もいる。僕がチャイケモ「以外」に目を向けることをよしとしないのだ。チャイケモに心血を注ぎ、チャイケモのことだけを考えていると、そうなってしまうのも仕方がないのかもしれない。だから「どちらがいい、悪い」と言うつもりもない。

しかし子どもと家族に安らぎを与えるはずの場で、理事長とスタッフが一つになっていないんじゃ話にならない。幸い、僕が代表に就いたことで、僕の友人知人、FacebookやXでつながっているような人はチャイケモの存在を知ることになった。それでチャイケモの存在に感銘を受けて寄付してくれた人もいるし、「堀内がやるなら」と寄付してくれた人もいた。理事長を降りても、いろんな形で子どもたちを支援することはできる。ならばあとはスタッフを信じて任せよう。そう思うことにした。

つらさに引きずられない秘訣

僕はずっと、震災や事件、事故などで理不尽にいのちを奪われた人たちとその家族を見てきた。阪神淡路大震災、東日本大震災、熊本地震、能登半島地震、スマトラ島沖地震など国内外の地震だけでなく、中華航空140便墜落事故、地下鉄サリン事件、池袋通り魔殺人事件、明石花火大会歩道橋事故、JR福知山線脱線事故、米国の9・11同時多発テロ……。

こんな活動をしている僕に、「堀内さんは強い人ですね」と言う人も少なくない。とんでもない話だ。無給のボランティア活動のしすぎで当時の妻には逃げられてしまったくらい、僕は駄目な男だ。忍耐力だってない。僕にも子どもがいるので、「もし自分がこの人の立場に置かれたら、この人のように前を向けるかはわからない」といつも思う。僕はそれくらい弱い人間だ。

前を向いて歩きだす人たちを、僕は本当に尊敬している。だからこそ僕にできることは何でもしてあげたいし、そんな人たちに僕ができるのは、寄り添うことしかない。寄り添うためには、彼らの痛みを想像するとともに少しでもわけあってもらうことが必要だと思っている。そう思って活動していることが、結果として周りからは強く見られるというだけのことだ。

ただ、痛みを想像してわけあってもらうだけでは、段々と苦しくなってしまう。いろんな人の悲しみが、自分の中に徐々に蓄積していくからだ。心理カウンセラーの中には自分と相談者を切り分けることで自分を守っている人もいるが、僕は不器用だからとても切り分けられない。

人の悲しみやつらさを、受け手がコントロールすることはできない。では自分がコントロールできるのは何か？　その答えは自分の行動しかない。アクションするしかない。最初はその人に「つらいね」と手を握ってあげるだけでもいい。大きなことはしなくてもいい。自分が本当にしてあげたいことの１００分の1でもいい。「この人のために、僕は何ができるのだろうか」を考えて行動するのが、悲しみやつらさに押しつぶされないための僕の秘訣だ。

行動をするうえでも、僕一人で抱えることはしない。自分一人で動こうと思えば、できることには限りがある。僕の性質として、抱え込んでしまったらその人だけに力を注いでしまうことはわかっている。そうなるとつらさを抱えている人がたくさん現れたとき、とても対応できなくなる。一人で抱えようとすると、僕はきっと壊れてしまうと思った。

それもあって、僕は誰かと誰かを引き合わせることを非常に大事にしている。それにご遺族が連絡してくれたとき、身近な人を理不尽に奪われた経験のない僕が万の言葉を発するよりも、同じような痛みを抱えた経験を持つ人が一言発するほうが、いままさに苦しみの中にある人の心にすっと届くこともある。

僕のところに連絡してくる、やりきれない悲しみを抱えた人の中には、「自分の話を聞いてほしい」とだけ思っている人も多い。でも僕はそんな人をじっとさせるのではなく、「どんどん動いていこう！」と発破をかける。最初は「え？　私が？」と思うかもしれない。でもそうやって動いていくことが、結果として自分を救い、誰かを救うことにつながる。

たとえばＨＡＮＤＳ初代理事長で息子を亡くされた白木利周さんには、２０００年の有珠山噴火のときに「悲しみを知る者として、ぜひ現地に行ってください」とお願いした。白木さんは「何をすればいいかわからない、なぜ私が」という気持ちを抱えたままではあったが、とにかく現地に向かってくれた。

そして向こうで「神戸から来ました。息子を亡くしました」とあいさつしてみると、現地のみなさんが「神戸のほうが大変だった」「がんばって生きなければならない」などと次々に口にしてくれたという。自分の存在で前を向いてくれる存在を知り、白木さんは「逆にエネルギーをもらえた」と話してくれた。

自分の話を聞いてくれた人はみんな「ありがとう」と言ってくれる。必要としてくれる。その「ありがとう」が、一歩踏み出していく原動力となる。それは僕にとってもそうだ。だから、僕のことを「すごい」と言ってくれる人にも、「まったくすごくはないんだよ」と言っている。僕はアイデアと口だけは多少達者かもしれないけれど、それだけだ。ただ人と人をつなぐだけ。「誰と誰をつなげばいいのか」について、別に考え込むわけでもなく、ぱっと「ここここをつなげればきっと大きな効果が出るはず」と浮かび上がってくるのだ。誰にでも備わっている能力ではないかもしれないが、自分にとっては特別なことをしているわけではない。

社会には、地道な活動を続けている立派な人がたくさんいる。本当に称えられるべきは彼らだと心の底から思っている。そんな素晴らしい人たちをつなげることで、社会が少しずつよくなっていくかもしれない。そんな思いで活動している。

「震災関連死」を刻む銘板

大事な人を喪った苦しみや悲しみからいつ立ち直れるかは、人によって異なる。比較的すぐに一歩を踏み出せる人もいれば、前を向くのに時間がかかる人もいる。それは仕方のないことだ。悲しみの中にいる人に、こちらが無遠慮に手を差し伸べることがすべて正解だとは限らない。「いつどんな支援をすべきなのか」「僕の支援は押しつけではないのか」については、僕が震災当日、火の手が迫る家から抜け出せないでいる男の子から、その子にすがる母親を引きはがしたその瞬間から考えていたことだ。

でもたとえそのときに手を差し伸べなかったとしても、ずっと見ていてあげることは重要だ。そして「いまが手を差し伸べるときだ」と思えば、そこで差し伸べればいい。

そんな思いを形にしたものが「慰霊と復興のモニュメント」だ。２００１年、追悼のつどいが開かれる東遊園地の中に建てられたもので、地下には阪神淡路大震災で亡くなった方のお名前が刻まれた銘板が掲示されている。１月17日、ご遺族は地上とは隔絶された空間に掲示された大事な人の銘板をなぞり、あるいは手を合わせながら心の中で話しかける。

「今年も来たよ」

「なんとか元気でやってるよ」

「孫が生まれたよ」……。

伝えたいメッセージは人それぞれだ。「ここでだけでは、泣いていいと思える」と話すご遺族もいる。

このモニュメントの特徴は、「毎年銘板の数が増えている」点にある。「どういうこと？」と思われた方もきっといるだろう。このモニュメントでは、関連死や遠因死など、「公からは〝震災の犠牲者〟とは認められていないけれど、震災がなければもっと長く生きられただろう人」も掲示対象としているのだ。震災で体調が悪化してその後亡くなった人、震災で希望を失って自死した人……。震災とは〝直接〟関係がなくても、そのような人たちも震災の犠牲者と言える。

2024年1月には、NHKが銘板の特集を組んでくれた。その番組の中では、震災で亡くなった夫を追い、震災の5カ月後に自死した妻の名前を銘板に刻んだその夫妻の息子の姿が映し出された。自宅の天井が落ちてきて、夫の命が消えていくのを隣で感じながらもどうすることもできなかった妻。彼女は「お父さんと一緒に逝きたかった……」何度もそうつぶやいていた。そして選んだ悲しい結末。息子は、「自分は、母親も震災で亡くなったと思っている」と言った。

僕自身は、公もそのような人たちを「災害関連死」として認めるべきだと思っている。しかし行政は絶対に認めない。銘板に名前を掲示することも、「公が『災害関連死』と認めたと受け止められかねない」と認めてはくれない。

それでは、残された家族の「震災がなければ……」という思いは、どこにも行き場がない。ならばせめて僕たちが、そんなご遺族のやるせない気持ちを受け止めたいと思い、どれだけ反対されようとも掲示すると決めたのだ。

「銘板を掲示したいのですが……」。HANDSにかかってくるそんな電話には、僕が対応する。一人ひとりの思いに、しっかりと寄り添うことだけを心掛ける。

2023年12月には、12人が新しく銘板に刻まれた。震災が原因でお亡くなりになり、当時は銘板を掲示しなかったものの、墓じまいに合わせて改めて掲示を望んだ人。妻を失ったことで元気をなくし、震災5年後に亡くなった夫を「同じ空間に二人の名を刻んであげたい」と願った人。入院中に病院が被災し、別の病院に移ることになった際に体調を崩し、震災4か月後に亡くなった母の名を刻みたいと希望した人。夫の遺言により、震災で亡くなった義理の両親を刻んだ人……。それぞれに、それぞれの29年があった。ただ29年経っても12枚の銘板が増えたことは、大事な家族が震災で亡くなったことに対する気持ちはいくら年月が経っても薄れないということの表れでもある。

なお銘板には、復興に尽力した人の名前も刻まれている。貝原俊民元兵庫県知事や笹山幸俊元神戸市長やＨＡＮＤＳの元理事長である白木利周さんたちの名前もある。白木さんは２０２０年に亡くなったが、２００１年に心不全で亡くなった奥さんの朋子さんの名前もここに刻まれている。「息子の名前が刻まれた空間に私も入りたい」と常々願っていた奥さんは、震災で喪った息子の名を冠した基金にお金を寄付するやいなや体調を崩し、そのままお亡くなりになった。やはり震災の犠牲者と言えるだろう。

白木さんは「息子の銘板に向かって『そろそろそっちに連れて行ってくれよ』と言っても、息子は絶対『いいよ』とは言わないんです」と笑っていた。いまごろは天国で親子３人、再会していることだろう。２０２３年には、長男を亡くした松浦潔さん、新婚の息子夫婦を亡くした足立悦夫さんの名前も加わった。いつか僕もここに刻まれるのだろう。

銘板への追加を希望された方の中には、「銘板にはたくさんの人が訪れ、慰霊してくれる。慰霊を次世代につなぐことができた」と安心されたように話す人もいる。慰霊と復興のモニュメントは、ご遺族にとって自分の愛する人の名前が刻まれた私的空間であり、震災で亡くなられた方すべての魂を慰霊する公の空間でもある。自分だけが抱えるやるせない、どうしようもない痛みを、顔も知らない多くの人が少しずつわけあってくれる。つらくて切ないけれど、とてもやさしい空間だ。

全員死んだら終わり、ではない

毎年1月17日に東遊園地を訪れている人は、「1・17のつどいは何も変わらない」と思っているのではないかと思う。もちろん、例年ささやかな変化はある。東日本大震災発生後、3・11の形の灯篭を並べるようになったことは先に述べた。目に見える一番大きな変化は、2016年にそれまで竹灯籠の作製を担当してくれていた「神戸・市民交流会」が会員の高齢化を理由に解散し、その作製をHANDSが引き受けたことで、それまで「1・17」に固定されていた竹灯籠でつくる文字を変えたことだろうか。またそれまでは毎年1万本の竹灯籠を作製していたが、協力してくれる団体が減ったこともあり、現在ではペットボトルで作った灯篭の数も増やしている。

ご遺族にとって、つどいは〝あの日〟を思い出すための場所であり、喪った大切な人との語らいの場でもある。だからこそ、軽々に変えるべきではないと思っている。ただ、「まったく変わらないもの」なんてものはこの世にはないとも思っている。仮にまったく同じつどいを企画したとしても、主催する方も来場してくれる方も毎年1歳ずつ歳を取る。そして経験者は減っていく。絶対に変わっていってしまうのだ。つどいを主催する側としては、そのことを理解したうえで、つどいの在り方を設計していく必要がある。

さて、阪神淡路大震災から一定の年数が経ってからというもの、メディアは揃って「あの震災の記憶を風化させない」「年々風化が進んでいる」と言い始めた。神戸市役所の職員も、2020年時点で震災を経験していない職員が6割を超える中で、震災の記憶が薄れていくのは誰がどうしようと仕方のないことでもある。HANDSの黎明期を支えてくれた白木さん、松浦さん、足立さんらも泉下の人となった。

あちこちにある震災に関するモニュメントについても、とくに震災を知らない市民の中には、「なんでこんなところに慰霊碑が建ってるの？　人がここで死んだってことでしょ。何か嫌だな」と話す人がいることも知っている。神戸市民だからといって、全員が震災に対する想いを持っているわけではない。

ただ、阪神淡路大震災の発生から時が経ち、つどいの来場者数はどうなったと思うだろうか。

実は、まったく減っていないのだ。震災29年目に当たる2024年1月17日のつどいの参加者は、約5万人。2023年の約4万8000人からは2000人増えている。言っておくが、この日は休日でもなく、普通の会社員であれば仕事に出ている水曜日だ。水曜日に開催した過去のつどいはどうだったかというと、2018年で3万7000人。それよりも1万人以上も多い。

会場には、制服を着た若い学生の姿も目立つ。あの日の経験者の数は減っても、この震災を受け継いでいこうとしている若者たちが増えている。その姿に、僕は毎年感動する。

第二章で、英国には「息子を戦死させた母親が亡くなった時世界大戦は終わる」という話があると紹介した。でも僕は、〝全員死んだら終わり〟で本当にいいのかとも思っている。〝死んだら終わり〟だからこそ、歴史は同じことを繰り返してしまうのだ。同じ悲劇を繰り返さないためには、語り継いでいくことが重要な役割を果たす。一人でもこのつどいを望む人がいる限り、僕は続けていきたいと思っているし、続けていくべきだと思っている。それはたとえ、「震災を知る者が誰もいなくなったとしても」だ。

若者にＨＡＮＤＳを引き継ぐ

僕は、白木さん、松浦さんの後にＨＡＮＤＳの理事長に就いた。別に就きたいわけではなかったが、「次は堀内さんに」と言われやむなく引き受けた形だ。

いつ後進にバトンを渡そうかと考えていたが、〝次〟を選定するのもなかなか難しい作業だ。そして僕が２０１４年にバトンを渡したのが、藤本真一くんという、僕よりも34歳も若い当時30歳の青年だった。

藤本くんは阪神淡路大震災を経験しているとはいえ、僕と同じ北区に住んでいて、自宅の被害もほとんどなかった。彼が僕たちの活動に参加したのは東日本大震災がきっかけだった。僕のところにやってきて、「映像を撮りたい」と言う。僕はその申し出を快諾した。

しかし映像の世界にいる僕からすると、どうも撮り方が甘い。そこで「ここはこう撮るんだ」「このカットはここからこう撮ったほうがいい」などと連れ回したところ、予想以上に食いついてきた。

あとはかなり身もふたもない話だが、藤本くんが「商売をやっている」というのも大きかった。ボランティアは儲からない。儲けようとしてもいけない。でも生きていくためにはお金がいる。それにいくら〝ボランティア〟といっても、その活動のすべてがタダというわけにはいかない。だから人を動かすにはどれくらいお金がかかるのかを実感を持ってわかっているほうが望ましい。

また、自然災害に事故や事件といったものは、時と場所を選ばない。普通の会社員であれば、仕事中に大きな自然災害が発生したからといって平日に何日も休んでその対応に従事することは難しいだろう。その点、団体の性質や活動の永続性を考えたときに、自分で商売をやっていて、若い藤本くんはうってつけの存在だった。

さらに白木さん、松浦さんらは熱心に活動してくれ、HANDSの意義を世に知らしめてくれたが、次の理事長には「ご遺族ではない人物」を選出するということも決めていた。もちろん、想いの強さでご遺族の右に出る者はいない。だけど、「遺族」で縛ってしまうことには二つの問題を覚えていた。

一つは高齢化。白木さんしかり松浦さんしかり足立さんしかり、活動しているのは子どもを亡くした親が多かった。そうすると、「神戸・市民交流会」が高齢化を理由に解散したように、HANDSも高齢化が進んでいくだろうことが容易に想像がついた。

またHANDSはあくまで「プラットフォーム」だ。自然災害や事件、事故などのご遺族を中心とするプラットフォームであるけれども、決してそれ以外を排除するものではない。むしろ積極的に、阪神淡路大震災を経験していない若者たちとも交流し、その教訓を後世に伝えていく役割も有しており、時が経つにつれその役割の重みが増していく。

1・17のつどいでも、「私は遺族でもなんでもないのに、行っていいのかがわからなかった」と話す若者も少なくはない。そこで震災を経験していない若者たちが気軽に参入するには、藤本くんのような人間がトップに立った方が、安心して扉を叩きやすくなるだろうと考えたのだ。

藤本くんを後継者にすると心の中で決めてから、「あなただったらこの事態についてどう思う」などと禅問答のような問いを重ね、着実に育てていった。一度はＨＡＮＤＳの解散を提起したこともあったが、そこで藤本くん自身が手を挙げたこともあり、２０１４年に満を持して理事長の職責を藤本君に引き継いでもらった。

この「２０１４年」という年にも、明確な理由があった。メディアの性質上、震災発生20年となる２０１５年には、大々的に報道されるだろうことがわかっていた。裏を返せば、21年目にはガクンと注目されなくなるだろうことも。だからこそ僕は、「20年を僕がやり切ってしまったらだめだ」と思っていた。20年前に退き、藤本くんに〝震災20年〟を経験させたかったのだ。

運営を30歳の若者に任せるのだから、きっとトラブルが起こるだろう、とも思っていた。だがそのときには僕が頭を下げればいい。当時僕は64歳だったが、まだそれができるくらいには若いつもりでいた。関係各所には、「若者にすごい責任を負わせました。つぶれないようにかわいがってやってください」と伝えた。

もちろん、藤本くんが僕の思いとは違う行動をすることもある。でもそこに「違うだろ」と言うこともしない。それが「任せる」ということだから。僕なんかは「文章は紙のほうが読みやすい」とつい何でもプリントしてしまうのだが、藤本くんは「無駄ですよ。エコじゃないです」などと言ってくる。ただこの交代が、いまつどいの場に若い人たちが増えてきている理由の一つにもなっているだろうと僕は考えている。

特別コラム：HANDS現理事長・藤本真一の思い

こんにちは。堀内さんからHANDSの理事長を引き継いだ藤本真一です。堀内さんの視点だけではなく、僕の視点も少し入れさせていただければと思い、紙幅をお借りすることになりました。

もともと僕は、中学生のときから映像編集の勉強していました。26歳のときに東日本大震災が発生し、「現地で映像を撮ってみたい」と思ったけれど、ボランティア経験もないのでどうやって向こうへ行けばいいかもよくわからない。そこでどこかのボランティア団体に所属して現地に行くことが近道だと思い、インターネットで探していたところ、ＨＡＮＤＳがたすきバッグを届けるドライバーを探していることを知ったんです。

応募してみると、すぐに「たすきバッグの仕分けをしている神戸ウイングスタジアム（現ノエビアスタジアム）に来てほしい」と言われ、そこで初めて堀内さんと対面しました。僕は俳優としての堀内正美を知らなかったけれど、カメラを回しているとやたらと指示をしてくる。それで俳優としても活躍していることを知りました。その後お互い商売をしていて、映像表現者でもあるといった側面で目をかけてもらうようになったと記憶しています。

当時から、ＨＡＮＤＳの強みはメディアとのつながりが非常に強いところだと感じていました。「メディアに書かれる」となると、行政も無視できない。これが単なるいちＮＰＯであれば、たとえ代表の持つ熱量が同じくらいだったとしても、行政から無視されていたこともあったのではないかと思います。

なぜか僕が堀内さんの後継者になったわけですが、僕はいまだに、「自分のすべてをかけてボランティアをしている」といった思いは持っていません。自分に何ができるかを考えて、できる範囲のことをやっている。それだけなんです。

僕はいま、積極的に若い大学生たちを引き入れていますが、それも僕のやりたいことを押し付けるのではなく、大学生自身がやりたいことができるような場を提供することを心掛けています。そっちのほうが、僕も大学生もきっと楽しいですからね。

震災をテーマとした活動で〝楽しさ〟を追求することに不謹慎さを覚える人もいるかもしれません。ですが、〝やりがい〟とは〝楽しさ〟でもあるはずです。「しんどい」と思ってしまえば誰も活動してくれなくなります。

やっぱり、震災を経験すらしていない若者に、「家族を亡くした人と同じ深さの思いを持ってほしい」と言っても無理ですよね。それよりも、入口を入りやすくして、活動していった結果として「震災の記憶の継承」だったり「ボランティア活動」そのものに意義を見出していくといったストーリーのほうが、無理がないと僕は思います。

実際、活動すればするほど、震災への想いは高まっていくことを、大学生らと触れ合う中で実感しています。とはいえ大学生なので、優秀であればあるほど東京で就職してしまい、忙しくてボランティア活動から離れてしまうケースも多いのですが……。それでも彼・彼女らの心の中にはずっと「阪神淡路大震災」があるはずだと、祈りも込めてそう思っています。いまの僕の大きな役目は、少しでもそんな〝ボランティアへの種まき〟をすることだと自負しています。

こんな話をすると、「意外と冷めているんですね」と言う人もいます。正直に言うと、ボランティアそのものへの熱量に対して、僕は堀内さんよりも低いと思っています。僕はもともと何か一つのことにハマる性分でもないので、「ハマることができるのはうらやましいな」とも……。

でも僕は、東日本大震災でボランティアをした経験からも、最初の熱量が高い人ほど、いつの間にか姿を見せなくなっていくことに気付いていました。最初に抱いた熱量のまま活動する人は、息切れしてしまうことが多いんです。「1回支援してそれで終了」であれば最初の熱量だけでもいいでしょう。だけど息の長い支援をするためには、支援する側の基盤が整っていることも必要です。そしてこんな性分だからこそ「絶対にこれだけはやり通す！」と自分の主張を通すのではなく、全体を俯瞰的に見て対応することができているとも感じています。

それに現代は、そもそも人々に余裕がなくなっています。阪神淡路大震災の発災時、被災地にあれだけの人がボランティアとして集まってくれたのは、支援する側にも余裕があったから。それがいまやどうでしょう。必死で働かなければ自分や家族の生活すらままならない時代です。そんな中で会社勤めをする若者たちに「もっとボランティア活動をしてほしい」と言うことには無理があると思っています。

NPOのあるべき姿に対する考え方も堀内さんとは違います。堀内さんを始め、団塊の世代あたりで生まれた人たちは、反骨精神とでも呼ぶべき想いのパワーがものすごいんですよね。小さいころから、自分が大きな声を挙げなくちゃ誰からも見てもらえなかったから、自分の意見を大きな声で主張するし、「社会のために声を挙げなければ！」と本気で思っています。

現代表の藤本くんと

一方僕たちの世代はそうではありません。社会を批判したところで何も変わらないし、堀内さん以上に行政も含めみんなで協調してやっていったほうがいいと思っています。ご遺族が減るにつれてHANDSの寄付収入も減少する中、助成金も利用しています。使えるものを使うことに何の違和感もありません。堀内さんは清貧を良しとする人ですが、活動費があればその分、活動に回すことができますからね。それはすなわちつらい思いを抱えている人たちの役に立つことでもあります。

いまの若い子たちを見ていると、僕よりも賢くて優しい子たちがたくさんいると感じています。堀内さんのように「社会を変えてやろう！」と息巻いている人よりも、「震災で大事な人を喪わないために、自分たちに何ができるか考えよう」といった気持ちで活動する子たちが多いですね。

風化についても、「風化を防ぎたい」という思いはもちろんありますが、「なるようにしかならない」という思いもどこかにあります。たとえば神戸では、小学校や中学校で必ず震災について学習しますし、各小学校が防災設備を備えています。これはすごいことだと思いませんか。見方を変えれば、これは震災の記憶が形となって受け継がれているということでもあります。

震災をリアルタイムで経験し、かつ大事な人を喪った人というのは、これからもどんどん減っていきます。これはメディアの人間についても同じことが言えます。〝体験者の語り〟という重みやそれを伝えるメディアの熱量がなくなっていく中で、追悼行事や防災施設のように、記憶を形に移し、残していくことも重要だと考えています。

中には「いつまで阪神淡路大震災のことをやっているの」と思う人もいるかもしれません。ですがこれからも災害は起こり、人は死にます。30年前とは社会の姿は変わっても、震災が起きれば結局同じ状況になります。むしろスマホに慣れ切った現代人だからこそ、スマホも使えなくなるような環境がより厳しく感じられるかもしれなません。そういう意味で、追悼や慰霊というのは亡くなった人のためだけでなく、これからの自分や家族を守るためのものでもあると言えます。

僕も時々講演を頼まれますが、「過去にこんな大災害が起きた。だから防災意識を持とう」と言ったところで聞いてもらえません。自分事として認識してもらうことで、ようやく興味を持ってもらえます。

たとえば学生に対する講演では、「いま地震が起きたら、津波が最大でどこまで来るか知ってる？じゃあここからならどこまで逃げないとだめだと思う？」などと語りかけて興味を持ってもらったうえで、「カバンにハザードマップくらいは入れておこうね」とつなげています。「記憶の継承」なんて大きなことを言う前に、まずは自宅や会社に学校、またその経路など、自分の生活圏内くらいで「震災が起きたらどうなるか」を考えてもらえたらと思っています。

第六章　「災害大国」日本で必要なこと

震災は決してなくならない。だが社会は大きく変わったとは言えない。最終章となる第六章では、よりよい未来をつくっていくために僕たちが何をすべきかについて、考えてみたい。

日本の終わりの始まり

阪神淡路大震災では6434人、東日本大震災では1万5900人が亡くなった。とんでもない数字だ。ではここで問いたい。1年間に何人の方が亡くなっているか、あなたはすぐに答えられるだろうか。

2023年における死者数は、実に「157万5936人」。これは鹿児島県すべての人口よりもまだ多い。その157万5936人の一人ひとりに家族や友人がいて、それぞれの悲嘆を抱えている。

ちなみに2023年の出生数は72万7277人。死亡と出生の間に倍以上の差が開いてしまっている。毎年一つの政令指定都市が消えていくような日本は、今後衰退していくことは間違いない。

このような状況では、戦後アメリカに憧れ、追いつけ追い越せでやってきた拡張主義はもう持たない。震災は、必ずまた起こる。それは明日かもしれないし、この本の読者全員が亡くなった後かもしれない。いつかはわからないが、必ず起こるのだ。

しかも30年経ってもなお、震災が起これば着の身着のままで逃げ出すことを強いられ、寒さに震えながら避難所で過ごさなければならないことを、僕たちは能登半島地震で再認識させられたはずだ。

「神戸は見事に復興しましたね」と、何も知らない人は言う。見た目だけではそうだろう。だが阪神淡路大震災では、被害総額約10兆円、さらに復旧・復興関連事業に約16兆３０００億円を投じたわけだが、その半分を兵庫県や被災自治体が担った。兵庫県の一年間の一般会計予算規模（2兆円）からすると8年間分もの予算が復旧・復興関連事業に投じられたわけだ。

その結果、２０２４年現在でも、いまだ県内の各自治体は阪神淡路大震災関連の地方債を抱えている。これだけの巨額予算を復興に投じたということは、イコール、復旧・復興事業以外のところへの投資が抑制されたということだ。

震災後、全国の県内総生産（ＧＤＰ）がほぼ右肩上がりに推移しているのに対し、兵庫県では復興需要が落ち込んだ後はなかなか浮上せず、震災当時のＧＤＰを上回って上昇傾向になったのは２０１０年以降の話だ。１９９０年にはコンテナ取扱量が世界4位だった神戸港だが、震災後には凋落の一途をたどり、２０２２年では実に72位となっている。これを見ても、決して「見事な再生を果たした」とは言えないだろう。ちなみに、この反省もあり、東日本大震災では国の予算から手厚い復興関連費用が拠出されている。

そして阪神淡路大震災以降もこれだけ大きな地震が発生し、「首都直下型地震が来る」との警鐘が鳴らされている中でも、東京の一極集中は何も変わらない。神戸で「防災」と叫んでいても受け入れられるかもしれないが、新宿や渋谷の中心で「防災」と叫んでもほとんど誰も聞いてくれないだろう。

震災のことを考えると、とても東京には住めない。タワーマンションなんてもってのほかだ。仮に震災で倒壊しなかったとしても、エレベーターが使えずただの「高い箱」に成り下がるタワーマンションをありがたがって買う東京の人たちの気持ちを、僕はわからない。阪神淡路大震災でも、断水したマンションの10数階に住む老夫婦が水をマンションの下まで汲みに行けず、「もう私たちは下まで行けないので、死んでも仕方ありません」と言った例を聞いた。

しかし現代社会では、そんな「来るかもしれない震災」あるいは「過ぎ去った震災」に目を向けない人のほうが〝社会的な成功〟を手にしているケースが多い。市役所でもメディアでも、真摯に震災に向き合い続けている人はほぼ出世できていない。

仮に阪神大震災と同規模の地震が東京で起これば、経済的な被害総額も、人的被害もそれは阪神淡路大震災の比ではないだろう。それは本格的な「日本の終わりの始まり」になるかもしれない。

「失敗した」と言える社会へ

阪神淡路大震災が起こってからも、日本では大きな地震がいくつも起こっている。そして今後も必ず起こる。２０２３年、政府は南海トラフ地震が発生した場合、死者は最悪で32万人にのぼるとの推計を発表した。東南海地震の周期は１００～１５０年程度と言われており、前回の大きな揺れからは80年程度経っている。

ただ、日ごろから「今日地震が来るかもしれない」と備えている人はほとんどいない。そして地震が来て、「まさか……」と言うのだ。さらに言えば、阪神淡路大震災、東日本大震災、熊本地震、能登半島地震と日本は大きな震災を経験してきた国だ。それなのに、それらの教訓がどれくらい生かされていると言えるのか。

もちろん、生かされた教訓がゼロだとは言わない。能登半島地震では地震発生直後に最大

5メートル近い津波が沿岸部に押し寄せた。しかし、住民たちは地震発生後すぐに高台に逃げ、津波による犠牲者は公式な数字では2人となっている。東日本大震災がなければ、これほど迅速に避難はできなかっただろう。地震に対して無関心な人の中には、能登半島地震で5メートルもの津波が押し寄せたことすら知らない人も多いかもしれない。

しかし、阪神淡路大震災から約30年が経っても、過酷な避難所生活による災害関連死が起きている。また、関連死とまではいかなかったとしても1月の石川という過酷な状況下で寒さに震えながら、水が十分に行き渡らずにトイレにも行けない状態にあることなどが報じられた。さらに言えば「水が足りない」というニュースが報道されたために全国から水が届くも、それを仕分け、届ける人手が足りずに体育館に放置した結果、体育館の床が抜けてしまったという事態も発生している。

また能登半島地震では、どこからも交通の便が比較的良い神戸に比べ、ただでさえ交通ルートが限られているうえ、そのルートが地震で損壊してしまったことも復旧を遅らせる要因となった。

HANDSとしてもすぐに現地に入り、僕も総務大臣経験のある国会議員に現地の声を届けるなど、持ちうる人脈を使って支援に当たった。しかしそもそも本当に石川県が能登半島で震災が起こる可能性を予見していれば、「この道路が封鎖されたときにどうするか」「役所の職員自身も被災している中、どのように人員を確保するか」などをもっと具体的に議論することができていたはずだ。

なぜ同じ過ちを繰り返すのか。その大きな原因の一つは、「行政が失敗を記録に残さないこと」だ。多くの自治体は、「こんなことをした」「こんなことができた」ということはしっかりと記録に残す。しかし、どこか一つの自治体ができるようなことは、大抵の場合、たとえ記録が残されていなかったとしてもほかの自治体でもできることなのだ。

本当に重要なのは、「何が課題だったのか」「ではどうすればよかったのか」などの失敗の記録を残すことではないのか。「学んでいない」のではなく、震災が起きた側も「学ばせようとしていない」と言える。しかし行政にとっては失敗の記録を残すことは永久的に自らの汚点をさらすことになるので、なかなか手を出せないのだ。さらに阪神淡路大震災でも、震災が起こるよりはるか前に「最大震度7」を提言した記録が無視されたように、行政にとって都合の悪い情報は隠されることとすらある。

1995年6月に神戸市が発表した阪神淡路大震災の復興計画の中では、「未来の神戸をどのようにしていくか」の青写真しか描かれていなかった。もちろん未来を語ることは重要だが、その前に過去を総括することがまずは重要ではないのか。「私たちはこんな失敗をしました。ですからどうかほかの自治体のみなさんは同じ過ちを繰り返さないでください」と発表することが、日本全体を災害に強い国にしていく第一歩ではないのか。

第三章でも述べたが、すべての震災には、人災の側面もある。たとえば岩手県宮古市重茂姉吉地区には、「此処より下に家を建てるな」と刻まれた石碑が立っている。それは１８９６年の津波で２人を残して村人全員が死亡し、１９３３年の津波でも４人を残して村人全員が死亡したことから、住民の浄財によって建てられたものだ。姉吉地区の住民はこの教えを守り、海抜約60メートルの地点に建てられた石碑よりも高い場所に住宅を建てた。結果、東日本大震災では石碑の約70メートル手前まで津波が押し寄せたものの、建物被害は一軒もなかった。

これだけを見れば美しい話のように聞こえる。しかし、１８９６年、１９３３年の津波で被害を被ったのは、もちろん姉吉地区だけではない。「津波が来れば危ない」とわかっていて、行政は「住んでもよい」とのお達しを出したのだ。過去の津波の経験を踏まえ、行政が「ここからは先は危ない」と明確に示していれば、救えたあまたの命があるはずだ。

僕たちＨＡＮＤＳとしても、東日本大震災が起こる前に、「東北にもかつて起こった地震や津波の慰霊碑があるらしい」と聞き、その実態を調べていた。その成果を震災モニュメントマップのようにまとめることはできないかと探ってみたが、当時は需要もなく、世に出すことができなかった。これにはいまも大きな痛みを抱えている。

もちろん責任は、市民の側にもある。人はすぐに過去を忘れてしまう。そして目先の利益しか考えず、土地を開発してしまう。かつて先人たちは、危険な場所にはそうとわかるような地名を付けていた。

たとえば2014年、土砂崩れなどにより77人の死者を出した広島土砂災害。特に被害の大きかった広島県広島市安佐南区八木地区はかつて「蛇落地」と呼ばれていたという。おそらく土砂崩れが起きたことで、そのような名前を付けたのだろうと考えられている。しかしその後、地名は「八木上楽地芦屋」に変えられてしまった。それ以外にも、津波が来た場所には「江」「津」、土砂崩れなどで人が埋まってしまったような場所では「梅」「馬」などの言葉が付けられた。これらの名前が付くすべての地名が危ないわけではないが、こうした地名は、危険であるケースも多いのだ。

東日本大震災を受けて2011年には津波防災地域づくり法が制定され、津波が来る恐れのある場所を「津波災害特別警戒区域」「津波災害警戒区域」と定められることが決められた。だが住民の中には「警戒区域に指定されてしまうと地価が下がってしまう」と、指定を拒むケースすらある。

失敗を記録するうえでは、「被害を受けなかった地域の検証」もあってしかるべきだろう。阪神淡路大震災では、被災地からたった数キロ先ではほぼ日常と変わらない生活を送っている人たちがいた。テレビ越しでしかわからないような土地ではなく、被災された方の息遣いが聞こえてくるような距離の場所でもなぜそうなってしまうのか、よく考える必要があるだろう。

さらに本質的なことを言えば、人も組織も、失敗から学びを得て、成長していくことができる。そのこと自体に異議を唱える人はまずいないだろう。

それをわかっていながら個人も集団も、自らの失敗を隠すのは、それを明らかにしてしまえば周りから責められてしまうからだ。インターネットやSNSには、見るにたえない誹謗中傷が溢れている。「多様性の尊重」などと口では言っても、自分と違う他者を認めることも、失敗を犯した誰かを許すこともできていない。そんな社会で、誰が失敗したことを言い出せるのだろうか。「一度失敗してしまったらおしまい」、まだまだ世の中はそのような風潮が強い。

できていないことを責めるのは簡単だ。だが僕たちの側にも、本当にできることは何もないのだろうか。

僕はそうは思わない。まずは一人ひとりが他者に対して寛容になることが必要だろう。そうして他者の失敗を許すことができ、自らの失敗についても気負いなく話すことのできる社会をつくりあげていくことが、いまこそ求められている。他者に対して「自己責任だ」と詰め寄ることなく、誰かの「しんどい」「苦しい」と言う声に寄り添ってあげられる社会を、みんなでつくっていこう。

僕は性善説に近い立場を取っているが、どんな人間にも複数の面がある。ある人にとっては素晴らしい人間でも、別の人間にとっては受け入れがたい人間であることも珍しくない。僕自身も、決して素晴らしい人間ではない。だからこそ、人に対して清廉潔白であることだけを求めるのではなく、その人の弱さも含めて肯定してあげたいと強く思う。

人は自分を助けられない

震災では「自助・共助・公助」が基本だとされている。まずは自分で自分の身を守り、次に地域やコミュニティといった身近な人たちが協力して助け合い、そして最後に公的機関が救助するといった意味合いだ。

ただ僕としては、本来これはまったく反対だと思う。正しくは「公助、共助、自助」のはずだ。

まずは国が本気で震災が起きた時どうなるかを考えて被害を最小限に抑えられるまちづくりを行う。地域で助け合えるような土壌をつくる。そして最後に自分自身が備える、というわけだ。

自分の備えには限界があるし、たとえ災害時用に防災バッグを備蓄していたとしても、家が倒壊するような地震ではとても持っては逃げ出せないし、東日本大震災のように家が津波で流されてしまえば、たとえ命は助かったとしても、それ以外には何も残らない。

そこで、僕たちに何ができるかを考えてみたい。まず防災バッグは、「自分のため」ではなく、「他者のため」に用意すべきだと僕は思っている。各家庭は一つずつ防災バッグを常備する。そしてどこかで大きな災害が起これば、全国からみんなが自分の持っている防災バッグを被災地に送る。もともとは「自分が被災したときに必要となる物資」を想定して入れているはずだから、その需要はものすごく高いはずだ。

そうやって震災時に全国の防災バッグが送られている体制が成立していれば、次にその防災バッグを送った人のところで震災が起こったときにも「次は私が助けてもらえる」との安心感を持てる。「自分は誰かを助けることができるし、自分も誰かに助けてもらうことができる」と思うことができれば、それだけで安心できる部分もあるだろう。

各家庭の防災バッグを被災地に送るのも、そこまで手間のかかる作業でもないはずだ。たとえば全国の家庭にある防災バッグをごみステーションなどに置き、市の環境局がいつものルートをたどって回収する。そしてそのまま宅配業者に持っていく。宅配業者は自衛隊の駐屯地や基地に物資を運び、被災地まで輸送機で持っていってもらう。こうした決まりを事前に決めておけば、最小限の労力で多くの人が当面の間しのげるだけの物資が手に入るはずだ。

「他者のために備える」が綺麗事だと思う人は、四国のお遍路さんを思い浮かべてほしい。四国の人々は老若男女問わず、古くからお遍路さんを身近な存在として温かく迎え入れ、「お接待」と呼ばれる独特の援助を行っている。お遍路さんに対して食事や果物、飲み物を振る舞い、ねぎらいの言葉をかけ、道に迷ったときは道を案内し、時には「善根宿（ぜんこんやど）」と呼ばれる無料の宿やお風呂まで提供するのだ。

東日本大震災では、交通網がストップし、歩いて家まで帰らざるを得ない人たちの姿も目立った。もしその方々に、その帰路にお住いの地域の皆さんが一杯の水、一つの食べ物を差し上げていたら。携帯電話の充電機をお貸しできていたら。心細く歩いている人たちの心がどれだけ慰められ、「次は自分が誰かに恩を返す番だ」と思えたことか。「お遍路さんの接待文化」を、いまこそ全国に広めていくべきだと僕は強く思っている。

市民中心の社会へ

今後僕たちに求められるのは、もっと「市民主体の社会」を取り戻していくことだと思っている。「そんなことはできない」と思っているかもしれない。でもその中にはきっと、「やってみればできる」ことがたくさんあるはずだ。

僕たちがいまなお続けている1・17のつどいも、市民の中にすら「行政がやっているもの」だと思っている人も多い。でも行政に任せていたら、とうにこのようなつどいはなくなっていた。

原点となるのはフィールドづくりだろう。阪神淡路大震災でも仮設住宅での自治会づくりにチャレンジしたが、その経験を踏まえて僕が提唱したのが、中学校ごとの地域区分を一つの範囲として、地域をもう一度再生し、いざというときの人材・備蓄のベースとする「シビルディフェンス・プラットフォーム」だ。

まず、なぜ中学校を単位とするかというと、「誰でも歩いて行ける範囲」「場所がわかる」「規模が大きくなりすぎない」「多様な人材がいる」「中学校は避難場所に指定されていることが多い」といった理由からだ。「歩いて行ける距離にある」ということは、自分のためだけでない。

「避難する車で渋滞が起き、救急車両が通れない」事態を防ぐためでもある。

まずは少子化に伴って、使われていない教室を地域の集まりで利用できるようにする。そしてそこに集う人材を登録しておく。この人材が、地域にとっての資源となる。ある人は勉強を教え、ある人は実社会に出たときに役に立つ知識を教え、ある人は後世に残したい経験を伝える。「何も教えることはない」と思っているような人にも、できることはある。たとえば朝早く起きられる、夜遅くまで起きていられる、なども一つの才能だ。「こんな夜中でも○○さんなら受け入れてくれる」と思える環境は、非常に貴重ではないだろうか。

特別なことはやらなくていい。誰もができる範囲で、できる限りのことをやっていけばいい。多くの日本人は、目の前で人が倒れた場合には救急車を呼ぶし、電車に座っていて目の前に妊婦さんが立っていれば席を譲るだろう。誰しも、報酬を求めない献身的行為の経験があるはずだ。どれだけ忙しい人でも、「月に1時間だけ自分の時間を地域のために使う」程度であればできるだろう。すべての住民が1時間を提供するならば……その効果はすさまじいものがある。

僕の理想としては、授業参観の日なんて設けなくてもわが子の授業をふらっと見に行けるくらいに開かれた学校だ。学校を外に開くことで、子どもたちにとっては、経験豊富な大人たちからいろいろな知識や経験を教えてもらえる機会となる。「世の中にはいろんな人たちがいる」と小さいうちに実感できることも、子どもたちにとってはいいはずだ。社会はジグソーパズルのようなもので、どんな小さなピースでも抜けていれば完成しない。一人ひとりに対するリスペクトと感謝の心が、きっと育まれるはずだ。

親たちにとっては、子どもを見守ってくれる存在がたくさんいることに安心感を覚えるだろう。まだ子どものいない若い夫婦にとっても、「この地域ではみんなが子どもを見てくれる。誰かが助けてくれる」と思えば、「子どもを産んでみようか」と思うようになるかもしれない。たった一人で多様な生徒への多様な対応を求められる教師にとっても、助けられるところは多いに違いない。

一般的にご高齢の方や障がいを持った方、小さな子どもを抱えた母親は、「助けられる側」に回る印象が強いが、この場では極めて尊重される。結果として、自身の尊厳性を高め、社会への帰属性を再認識する場にもなるはずだ。誰かから「必要とされている」と思うことは、人に生きがいを与えることはこれまでも再三書いてきた。

子どもを喪った人は、深い喪失感を抱く。「自分の命に代えても守る」という感情は、親に対してよりも子どもに対してのほうがより発揮されがちだ。多くの人はここを掘り下げることはしないが、子どもへの思いの深さの要因の一つには、「全力で自分を必要としてくれる存在だから」という理由が実はある。仮にいまは子どもが成長して手が離れていたとしても、かつて子どもから全力で自分を求められた経験は生涯その人の中にあるし、何か困ったことが起これればまた頼ってくれるはずだと信じているだろう。

朝起きて鏡に映った自分、自分が考える自分は、実は自分を構成する単なる一つの要素でしかない。人と交わることで、自分が形づくられる。そう考えると、自分を必要としてくれて、自分を形づくっていた存在が喪われるのだから、その途端に自分自身を見失い、前に進めなくなってしまうことは当たり前のこととも言える。

白木さんにしろ松浦さんにしろ足立さんにしろ、「誰かに自分が必要とされている」と感じられたことが、前に向かって歩き出す原動力になった。「自分が必要とされる」コミュニティを持っておけばおくほど、それは自分を支えてくれるものにもなるのだ。

「子どものため」で思考が停止していないか

そしてこのプラットフォームを、どんどん地域に拡大していく。たとえば「4丁目のおじいちゃんが腰を痛めてしまい、草むしりができず庭が荒れ果てている」「2丁目のおばあちゃんが体調を崩してしまい、ご飯がつくれず困っている」といった情報が入ってきたら、そのプラットフォーム内で誰か対応できる人を探す。要はプラットフォームがボランティアの機能も有するということだ。

最後に改めてボランティアの話に戻ると、僕は決してボランティアの役割は「支援する、助ける」ことではないと思っている。あくまでもボランティアは、「自立に向けた支援を行う」存在だ。この「自立」とは1人で立つことではない。他に依存していることをしっかりと自覚することが「自立」の第一歩だ。これは綺麗事ではない。震災の経験から、ちょっとした支援で人は自立的に行動できるようになり、それが大きなうねりとなることを、僕は知った。

また阪神淡路大震災の被災地では「孤独死」が問題となったが、核家族化・少子化・個人主義が進んだいま、孤独死は普通に生きる人たちも抱える問題となった。地域での活動を活発化させることは、その問題に対する解決策にもなるだろう。

コミュニティが機能している地域では、災害が起これば、まず「誰がいないか」がすぐわかるので救助にも向かいやすい。学校は災害が起これば避難所にもなるわけで、その運営も普段からの顔見知りが多い分、円滑に進むだろう。

現代は、とかくリアルな対面を忌避する傾向にある。確かに、人間関係は面倒くさい。腹の立つことも多い。ネットにはもっと楽な人間関係がある。何か投稿すれば「いいね」を押してくれる。こうして誰かのことを考えず、ただひたすらに自分のことしか考えない人間が増えていく。

しかし、「いいね」を押してくれた人は、何かあなたに危機が訪れたとき、本当に助けてくれると自信を持って言えるだろうか。「あいつなら俺を助けてくれるだろう」と思えるのは、少なからずリアルなやり取りがある人ではないだろうか。

自分にとって大事なものも、やはりすぐそばにいる人のはずだ。僕はテレビ局の景気がいい時代に俳優を経験し、バブル期の調剤薬局ではまさに濡れ手に粟の状態を経験した。共産主義を志向していたはずが、いつの間にかすっかり資本主義に振り回されてしまっていた。しかし阪神淡路大震災をきっかけに、自分にとって「一番大事なものはなんだろうか」と考え始めたとき、それはやっぱりお金でも名誉でもなく、子どもだと思い至った。

ほかの地域で災害が起きた場合にも、家庭のほか、病院にスーパー、ドラッグストアなどにも協力してもらい、その地域の有する食料品や医療品などを備蓄のベースとして登録してもらえばいい。そうすれば避難した人たちの数日分くらいの貯えにはなるだろう。もし近くの地区で災害が起こり、自分の地区は無事だったという場合には、防災バッグの発想とまったく同じように、その備蓄分をすぐに届けることも有効だ。このような仕組みも、阪神淡路大震災のときにはそもそもネット環境が整っていなかったので難しかったが、いまならば可能なはずだ。

このような場には、いろいろな価値観を持つ人が集まるだろう。だけどそれがいい。もともと民主主義とは、「多数決の原則」と「少数意見の尊重」という二つの価値観を孕んでいる。しかしいまの世の中では声の大きいほうの意見が取り上げられる傾向にある。そのとき、「多数派ではない意見」は切り捨てられてしまう。それでは世界はよくならない。

大事なのは、多数派の意見と少数派の意見がお互いを否定することなく尊重できる環境だ。大人になってからそんな環境を意識的に作り出そうとするのは難しい。効果的なのは教育の場を変えることであり、各世代が交流できるプラットフォームを構築していくことだ。少数派の意見を大事にできるような場があちこちにできれば、社会として少数者を大事にできるようになるはずだ。自分がいつ少数派になるかなんて、誰にもわからないのだから……。

もちろん、行政ともからませる。神戸市の新入職員をまず中学校に配置し、地域の実情を知ってもらう。地域の区議会もそこで開く。子どもたちも閲覧自由だ。そして何より重要なのは、行政が市民たちの活動を見守ること。自治の専門家である行政の職員としては、市民たちのやり方をまどろっこしく感じることもあるだろう。しかし成長、成熟していくためには自分で活動し、失敗から学んでいくしかない。

学校を地域に開いていくことで、さまざまな相乗効果が生まれていく。このような考えに理解を示してくれる人もいた。だが大教大付属池田小学校襲撃事件の発生により、学校は閉ざされてしまった。

第三章で紹介した、「小学校のグラウンドを芝生にしたい」という計画も、これによってとん挫した。僕の「芝生化計画」は、芝生1枚1枚を各家庭や地域の人たちが管理するというものだった。そうすれば「自分たちの手で学校をつくっていく」ことが実感できると考えたからだ。

実際、当時の計画に沿ってグラウンドを芝生化した神戸市立桜の宮小学校では、いまも「芝生クラブ」というボランティア団体が芝生の管理を手伝っている。だけど多くの小学校では、「地域の人たちであったとしても、学校関係者以外に立ち入られるのは困る」という方向に動いた。学校は「開かれた場所」ではなく、「管理され、閉じられた場所」になってしまったのだ。

一見、これは子どもたちを守るためにはやむを得ない選択のようにも思える。しかし、本当に「やむを得ない」のだろうか。このままいけば、地域には老人クラブしか残らなくなる。

〝学校を軸とした地域コミュニティ〟は、これからの社会を支える一手となるはずだ。災害が起きたときを考えても、このようなコミュニティが成立していれば、「予知できない危機」を克服するための住民意識が醸成されていくはずだ。

阪神淡路大震災では、自分で生活をすぐに再建することが難しい多くのご高齢の方や障がいを持った方たちが公の場に投げ出された。「これは来るべき高齢社会の先取りだ」と僕は感じた。そしていま、超高齢社会は、すぐそこまで来ている。そしてもはやご高齢の方や障がいを持った方たちが安心して過ごせる社会では残念ながらなくなりつつある。税金は高くなっているのに、年金だけでは普通の暮らしを営むことすら難しくなってきている。

そこでコミュニティの出番だ。僕がさっき例として挙げた「ご飯がつくれないおばあちゃん」に対し、公的機関が介護サービスを提供するとすれば、おばあちゃんが支払う額の何倍ものお金が国のお金から支出され、結果的にそれは税金負担の形で国民に跳ね返ってくる。

では、コミュニティがおばあちゃんにご飯を届ければどうだろうか。「ボランティアがご飯をつくって届けるなんて無理だ」と思う人も多いだろう。しかし、1人のお年寄りに対して地域の30世帯が、交替で夕飯を持っていってあげると決めれば、負担は月に1度だけ。おばあちゃんは家庭的な温かい食事を味わうことができて、市民の負担も少ない。いまは「最後は行政に頼ろう」と思っている人のほうが圧倒的に多いと思うが、結局その〝行政頼み〟が、回りまわって自分たちの首を絞めているということを、僕たちはもっと理解したほうがいい。「困った時はお互いさま」の復権だ。

じゃあどうすればそのようなコミュニティがつくれるかを、「子どもたちを守る」という誰も文句が付けづらい謳い文句によって、社会は思考することすら放棄してはいないだろうか。一人ひとりが「生きていてよかった」と思えるまちにしようと決意し、実際に行動しなければ、理想はいつまで経っても理想でしかない。

政治と共進化していくために

政治の在り方も、もっと変えていくべきだと思う。「市民オンブズマン兵庫」によると、神戸市議の年収は政務活動費込みで約１９４４万円（２０１５年調査）。その給与に見合う働きをすべての議員ができているとはとても思えない。それだけの給料をもらっていれば、物価高にあえぐ市民の気持ちをわかるはずもない。

そこで僕が提案するのは、区ごとにボランタリーの議員から構成される地域議会をつくり、土日に議会を開催するという仕組みだ。商売に奮闘している人、子育てにいままさに大変な思いをしている人など、リアルに困りごとを抱えている人たちが集まり、その困りごとを解決するための方法を話し合う。区ごとの要望はそこでまとめてしまい、選挙で選ばれた議員数名が市の中央議会に要望を持っていく。市議会では各区から持ち込まれた要望の優先順位を決める。また区長も東京のように選挙で選ぶ。

さらに言えば、県すらいらないのではないかと思っている。もっと市町村に権限を委譲し、地域の人たちを積極的に活用していけば、余分なコストも抑えられるうえ、市民が政治と密接にかかわるようになって政治への意識が高まり、その地域の独自性も出ていくだろう。それもインターネットが発達した現代だからこそ可能なはずだ。最終的にはアメリカのように、国のトップも自分たちで選ぶような世の中になれば、もっと政治への関心が高まるんじゃないかと思う。

阪神淡路大震災のボランティア団体代表だった僕が、政治にまで口を出すことに違和感を持つ人もいるかもしれない。けれど政治がかかわることで、物事を大きく変えていくことができることを、僕はよく知っている。

また、そもそもの前提として、社会をつくっていく責任を政治にだけに押し付けてはいけないと思ってきた。民が声を上げないのに、政治がよくなっていくなんてまずありえない。政治がよくならないのは、民が声を上げることを放棄していることも原因の一つだと思う。

政治、行政、市民は、どこかで切り分けられるものではない。密接に絡み合い、お互いにフィードバックをしながら、「共進化」を遂げる組織へと移行していかなければ、日本の未来はないだろう。

想像力を持とう

関西では、まだ「阪神淡路大震災」のニュースが流れることも珍しくない。しかし、東京に行くとまったく流れない。僕自身が東京での活動も多いのでわかるが、東京に住む多くの人たちは、阪神淡路大震災ですら「関西で昔起こった大変だった出来事の一つ」くらいにしか思っていない。そもそも阪神淡路大震災が起こった1995年は、3月に地下鉄サリン事件が発生しており、関東に住む人たちの関心は一気にそちらに傾いた記憶もある。

熊本地震はおろか、2024年に起きた能登半島地震すらも、もはや全国ニュースであまり見かけることがなくなった。その大きな要因は東京からの距離だろう。もし今後首都直下型地震が起きたならば、様子は確実に違うと思う。

僕は、「風化とはメディアが報じなくなること」でもあると思っている。その点HANDSは、うまくメディアとの関係を築いてきた自負がある。

一方で、厳しい見方をすれば能登半島地震は非常に難しいだろう。東京から物理的に離れていることはもちろん、発生日も関係している。能登半島地震の発生日は1月1日。通常であれば放送されているニュース番組などもなく、祝賀ムードの中で特番も組みにくい。人の生死の重さにはなんの違いもない。それはまごうことなき事実だ。だがいまの日本では、東京からの距離や震災が起こった日など、命とは関係のないところでニュースバリューが決められてしまっている。

そんな中で私たちにできることの第一歩は、つらさや悲しみを背負った人たちを忘れないこと、痛みを想像することだ。

いまの日本では、想像力がかつてよりも乏しくなっていると僕は感じている。昔は対面、あるいは電話やFAXくらいしかコミュニケーションを取るツールがなかったけれど、いまは携帯電話もインターネットもある。24時間誰かとつながっていられるし、わからないことがあったら何でもすぐに調べられる。

また昔は、親が給料日になると現金をもらってきて、「このお金で家族が暮らせるんだ」ということを家族みんながわかっていた。そうすると家族の中で、自然に親への感謝が生まれる。

それがいまや口座振り込みで、親の給料日さえ知らない子どもも多いだろう。

もちろん、昔を賛美するわけではない。僕だってインターネットの恩恵には預かっているし、現代には現代のよさがある。しかし、便利すぎる社会は一見すばらしいようでいて、人から豊かな感性を奪ってしまっている側面も確かにある。だって、想像しなくたって生きていけるのだから。現在はどうしても、昔の人たちが持っていた生活のある種のリアリティや感謝の気持ちは薄くなってている。

胸を打つ美しい物語も、心が締め付けられる悲しい物語も、世の中には溢れている。溢れすぎているから、かえって「あまたある物語の一つ」として受け止められてしまい、人の心の奥深くまで届かなくなってしまっているのかもしれない。こんないまだから、「……もし自分がこうなったら……」と、〝可能性としての自分〟を想像する力が求められるはずだ。

阪神大震災では、多くのボランティアの人たちが全国からやってきてくれた。そのすべてが、普段から正義感の高い人間というわけでは決してなかった。ほとんどが普通の人間だった。普通の人間が、被災地の人間の痛みを想像して集まってきてくれたわけだ。

想像するだけでは、自分も苦しくなってしまうかもしれない。そしたら「そんなことくらいならできる」と思えることをしていこう。それが、少しでもこの国がよくなっていくための方法だ。

それは別に、いま悲しみの中にある人たちに直接支援をしなければいけないという話ではない。活動している誰かを支援することだって支援の一つの形だろう。僕の周りにも、「堀内さんがするなら応援しますよ」と、ＨＡＮＤＳやチャイルド・ケモ・ハウスに寄付をしてくださる方もいる。たとえば震災後数年経ってから出会った、化粧品を製造するＯＥＭ大手として知られる化粧品会社コスモビューティーの阿尾浩和相談役や西川茂樹会長などは、個人としても会社としても僕の活動を支援してくれている。

阿尾さん、西川さんは、「僕たちも何かお手伝いがしたいんだよ」と僕に話しかけてくれて、いまでは多方面に支援の手を広げている。能登半島地震でも、発災からわずか1週間後に会社から石川県珠洲市に１０００万円を寄付。その1か月前には、犯罪被害に遭われた方の支援を行う公益社団法人ひょうご被害者支援センターにも寄付を行っている。

瞬発的な支援だけはでない。「神戸にもっと雇用の場をつくりたい」と言ってくれて、実際に神戸に工場もつくってくれた。関連企業にも声を掛けてくれて、寄付の輪も広がった。阿尾さん、西川さんのような人の存在は本当にありがたい。こんな風に、いたるところで少しずつ支援の輪が広っていくことを願っている。

もちろん「お金も余裕もない」という人に活動を強制するつもりはない。数年前、僕が商業施設で話をしたとき、帰り際に近寄ってきた男性がいた。男性は言った。

「震災5年目のとき、僕は堀内さんから話を聞きました。それがいまもすごく心に残っています。私自身は被災地のためになにか活動をしたわけではありませんが、『家族を守るんだ』とだけはずっと思い続けてきました」

まずはこれで十分だ。自分と家族を守るためには何が必要かを考えることから始めて、少しずつ自分の「それくらいならできる」を実践すればいい。自分にできることは人によって違う。「周りは立派だ、それに比べ……」と自分を卑下する必要もないし、自分の力以上のことをする必要もない。一番よくないのは、「自分には何もできないから」と無関心を貫くことだ。

そしてそれは、決して「顔も知らない誰かのため」だけではない。震災が起こったとき、今度は自分が助けた見知らぬ誰かがあなたを助けてくれるはずだ。仮に震災が起きなくても、困ったときに自分のことを見捨てない、助けてくれると信じられる社会をつくることは、住みやすい社会にもつながっていく。

人に完璧は求めない

僕自身も、僕ができることをし続けるつもりだ。ＨＡＮＤＳの活動ももちろんだし、子どもの未来をつくっていく活動にも引き続き注力していきたい。レモネードスタンドもそうだが、世の中には志を持って活動している人たちがたくさんいる。そんな人たちの応援もしていく。たとえば、チャイルド・ケモ・ハウスの活動の中で出会い、応援しているのが神戸大学の宮西正憲特命教授だ。宮西さんは、造血幹細胞の研究により難病の子どもたちの治療法を見つける研究を進めている。

造血幹細胞とは、読んで名のごとく赤血球や白血球、血小板などさまざまな血球に成長していく「血液の源」となる細胞だ。赤ちゃんとお母さんをつなぐへその緒や胎盤に含まれるさい帯血にはその造血幹細胞が豊富に含まれており、宮西研究室では、さい帯血を利用して小児がんや白血病などの難病で苦しむ小児患者を救う研究を進めている。

また宮西さんは、医療者、研究者の視点から、防災に強いまちづくりにも取り組んでいる。宮西さんが訴えているのはまさに「〝子どもファースト〟から全世代に広がる防災・減災」。少子高齢化の進展により、共助の担い手である「人」が減少していくことは「人災」であるとし、子どもや子どもを取り巻く環境を心地よいものとすることで、「世の中は自動的に最良のバランスを保つ」と考えている。

そしてそのような環境をつくるためには、誰もが気軽に参加できるプラットフォームをつくり、アナログな経験や知識が豊富な高齢者とデジタルな経験や知識が豊富な若者が互いに〝仲間〟と認め交流を深めていくことが重要だと宮西さんは言う。僕もまったく同じ意見だ。これらの意見を、宮西さんは神戸大が主催する国際ワークショップ「MIRAI BOSAI」や内閣官房国土強靭化推進室が主宰するワークショップなどで訴えている。僕とはまったく立場を異にする人と同じ未来を見据えて手を取り合っていくこと、これがよりよい未来をつくっていくために極めて大事だと思っている。

この章でまったく触れていない、俳優としての僕の未来にも最後に少しだけ触れておこう。いまの僕は、「堀内さんに出てほしい」「堀内さんをテレビで見ると嬉しい」と言ってくれる人がいる限り、役の大小にかかわらず、できるだけその気持ちに応えていきたいと思っている。「演技なんてするもんじゃない」と思っていた50年前の僕が聞けば、目を剥くような台詞かもしれない。

「ご当地俳優になりたい」という思いは、少しは叶えられた気がしている。もっとも、神戸弁を話す役が来るときは、方言指導の担当者から「堀内さん、イントネーションが違います」と注意を受けることもよくあるのだけれど……。

最終的な目標は、「そこにいてくれるだけでいい」と言われるような俳優になることだ。これは、僕が俳優のオファーを初めて受けたときに言われた言葉でもある。50年経ってもその境地にはまだ至れていない。演技を始めたころに比べ、僕の演技はうまくなったのか、いつか山田洋次監督にも聞いてみたい。

人間は、一秒先の危機すら予測できない。けれど、何かが起こる前、起こった後の行動は自分で選択することができる。一歩さえ踏み出せば、思いもよらなかった出会いや変化がきっとあるだろう。もし何をしていいかがわからなければ、僕に連絡してほしい。あなたを必要としてくれる誰かとつなぐことくらいは、できるかもしれないから。

僕は、超人なんて求めていない。むしろ、人は誰しもどこか欠落していて当たり前だと思っている。何かが欠落している人と、その欠落を補える人が集まることで、新たな気付きやイノベーションが生まれていく。その枠を広げていった結果が社会であるはずだ。

僕はワークショップなどで、「ペットボトルを書いてみよう」とお題を出すことがある。小さな子どもからお年寄りまで、ほとんどの人は横から見たペットボトルの絵を描く。これも画一的な人間に育てることに成功した日本の教育の賜物だと思う。ただこの見方はペットボトルの一面であって、すべてではない。

100人にこのお題を出すとほんの数人、上からや下から見たペットボトルの絵を描く人がいる。大体そういう人は変わり者なのだけれど、横からの絵を描く人とそういう〝変わり者〟が組み合わさることで、新たな世界が発見できるのだ。自分ですべて気が付く必要もいいのだから、労力もぐんと抑えられる。

だからこそ、完璧を求めるのではなく、「自分はこれができません」と言える社会をつくることのほうが大事だ。僕自身も、いつも「これができない」「あれはできない」と言い続けてきた。そうすると、どこからか助けてくれる人が現れるのだ。もちろんこれは裏を返せば、自分から発信しなければ、助けてくれる人は現れないということでもある。

どんなささいなことでもいい。あなただけの「そんなことくらいならできる」ことがきっとあるはずだ。あなたにとっては〝ささいなこと〟でも、誰かにとっては希望となることもある。

サンダーバードに託す未来

この章では、「失敗を記録することが大事だ」と述べた。ここには、僕自身の失敗ももちろん含まれる。この本は決して〝ボランティア奮闘記〟ではない。約60年かけて社会を変えようとしたけれど、できなかった男の失敗記でもある。この本を出した目的としても、僕が叶えられなかったことを、どうか次の世代で叶えてほしいという思いが強い。

阪神淡路大震災の後、僕は災害ユートピアを見た。人はここまで他者を想い、動くことができるのかと感動を覚えた。「人が団結すれば、すばらしい社会がつくれるはずだ」と夢を見てしまったのだ。

60年間ほど、僕は社会に対してずっと石を投げ続けてきたつもりだ。その石は、小さな波紋くらいは起こしたかもしれない。行政も、少しくらいは変わった。けれど、では人々の防災に対する備えや意識が大きく変わったかと言えばそうとは言えない。震災が起きた後も人たちは同じように苦しんでいて、行政の仕組みも変わっていない。大きな災害が起こるたび、僕は無力感に打ちひしがれる。

それでも、僕は諦めてはいない。僕が成し遂げられなかったことも、次の世代を生きる人たちが成し遂げてくれるはずだと期待している。

防災ではたとえば、「サンダーバード」を実現してほしいと思っている。「サンダーバード」と言えば、１９６５年から66年にかけてイギリスで放送されていた人形劇の名前だ。いまの若者たちも、その中身までは知らなくても聞いたことぐらいはあるのではないだろうか。当時、それほど熱狂的な人気を博した番組だ。２０１５年からはリメイク作品である「サンダーバード　ＡＲＥ　ＧＯ」が放映されていたので、それで知っている人もいるかもしれない。

サンダーバードは、２０６５年の世界を舞台に、世界各国で発生した大きな災害や事故に「国際救助隊」のメンバーが派遣され、スーパーメカ「サンダーバード」を駆使して活躍するというのがその大まかなストーリーだ。

国際救助隊は、元宇宙飛行士で発明家の父とその5人の息子たちによって組成されているが、実際に国連にこのような組織をつくることは、やろうと思えば可能なはずなのだ。日本の中にも「国際緊急援助隊（ＪＤＲ）」という組織はあるけれど、これはあくまで海外で起きた災害に日本のチームが援助をするための組織。日本が音頭を取り、世界中の人が手を取り合って、サンダーバードをつくりあげていってほしいと思っている。

どこかの国が大きな被害を受ければ、即座に世界中から災害のスペシャリストたちが駆けつけてくれる。そんな世界が実現すれば、世界中のすべてが「自分たちが護るべき対象」になる。そうすれば、世界はいまよりも平和になるのではないだろうか。

「夢みたいな話」だと一笑に付す人のほうが、多いのかもしれない。けれど、人が発想したことは、時間はかかってもいつか必ず実現できるものだと信じている。最初から無理だと諦めるより、「どうやったら実現できるのだろうか」「何が実現を妨げているだろうか」を考えるほうがよっぽど建設的だろう。

日本で言えば、これだけ災害が起こっている国なのだから、まずは日本の中で災害支援を専門とする機関を創設すべきだろう。何でもかんでも自衛隊とボランティアに頼るべきではない。自衛隊も多くのボランティアも、その本来の業務は災害救助ではないのだから。そんな組織を自衛隊とは別個につくっても、あるいは自衛隊の中につくってもいいだろう。とにかく、「防災」を専門的・広域的・組織的に主導するチームが必要だ。

もっとよりよい未来、よりよい社会をつくっていくために、「誰か任せ」にするのはもうやめよう。まずは僕たち一人ひとりの持つ力を信じよう。一人ひとりが自分の人生に主体的になることで、何をすればいいのか、何をするべきなのかがよりはっきりと見えてくるはずだ。

僕がこの本で伝えてきたことは、生き残る知恵でもあるし、生き残った後に生き続けていくための秘訣、よりよい社会をつくっていくための願いでもある。「生きていてよかった、生まれてよかった」と思える社会をつくっていくためには、一人ひとりの力が求められる。この本を読んでくれたあなたは、間違いなくこの社会に必要とされている存在だ。その誇りを胸に、どうか一歩を踏み出してほしい。

僕が長きに渡り活動できたのは、みなさま方のおかげです。
この場をお借りして感謝申し上げます。（順不同、敬称略）

◇個人

秦敬　後藤理能　苫下昌代　三角三津子　金子昌子　指出幸男　坂田角太郎　大寺眞理子　秋山広一郎
佐久間喜雄　坂本潤之輔　京町みやこ　松坂香代子　盧進容　長谷川比佐子　ハニ・デヴィス　森美津子
堀江キサ子　松永正美　国立美智子　久保利郷子　村井弘子　金子祐介　川内弘子　高部渉　船田美幸
加藤易司　石島陽子　入海章　山口健司　山口尚子　中森勇　氏家尚子　松浦美佐子　レイコ・ゲラン
ピーター・エリオット　住田功一　金子良史　側垣一也　草京子　足立朝子　安克昌　渡辺実　天川雅晴
室崎益輝　神田裕　小林郁雄　宮崎園子　石崎勝伸　川上寿敏　濱田秀雄　斎藤こず恵　久利計一　坂本直樹
小西文樹　久保裕　畦地周平　伊東盛之　伊東道子　竹内章浩　岩井俊郎　河端澤子　河端世紀子　桒原秀文
阿部小夜子　水川由喜　切畑輝子　山川泰宏　山根孝子　岸本昌市　中島喜一　米田実　秦幸子　大下幸夫
大下久子　伊東正和　市原聡子　大石博子　天神山廣志　木田洋子　上野山晴久　上野山宏子　黄たまき
森田八重子　松田正　松田靖子　藤本東美子　小西信之　小西眞希子　小西希　小西理菜　湯口克己　湯口幸子
湯口あきら　高井千珠　高井将　高井優　富澤かよの　西角良一　中島喜一　射手公代　堀正明　山谷艶子
足立好夫　小林雅子　道谷卓　木田喜代美　藤本佳久　藤本智子　枡元有希　すぎもとみさき　黒田昌裕
浅尾典彦　三好俊秀　中尾少風　前田かおり　沙倉ゆうの　安田淳一　三谷真一　大東守　新谷祐梨子
北原光広　北原直也　坂本和恵　青山誠一　西條遊児　三条杜夫　山本豈夫　辻美佐緒　保阪幸彦　金澤ゆみ子
小松茂　藤原直美　八幡幸子　武藏裕子　淺沼ミキ子　迫田晃亘　黒澤司　吉村誠司　草島進一　松山文紀
石井布希子　藤本久俊　島田誠　鈴木光尚　早瀬昇　石井奏　鳥居晴美　佐渡忠和　名賀亨　井上明美　中島克元
東條健司　村井雅清　市川斉　田中健吾　林同春　陳舜臣　今田忠　津久井進　宇山章子　吉田公男　正村圭四郎
加藤博子　伊東正和　堀孝弘　久保佳代　阪井健二　木戸将之　川畑和久　出山知樹　井上二郎　今城和久

磯辺康子　相川康子　加国徹　門前喜康　嶋陽一　岸圭子　山崎一夫　平野卓雄　田中宏明　大牟田智佐子
阿久沢悦子　野田武　三上公也　田原護立　石田貴子　伊原有浩　加藤礼次朗　田名網八千代　桶谷まどか
本郷光子　麻倉未稀　風かおる　山沖之彦　長谷川光徳　堀江俊介　樫野孝人　瀬戸口重広　辻信一　秋武裕介
松村真弓　山口健司　一味京子　木戸将行　三浦秀和　森田拓也　井上隆文　松下綽宏　宮道成彦　大窪昌子
黒田徹　高畑正　魚山純子　河辺健一　長谷部浩　進藤幸生　内山節　若尾光俊　古澤正夫　杉岡慎吾
柴田英次郎　美優幸　佐渡山順久　飛田雄一　野田聖子　三宅伸吾　五島大亮　粟原富夫　加田裕之　市村浩一郎
平原麗子　井坂信彦　館川勝美　藤野芳雄　梶明　加久間弘起　加藤満子　佐野末夫　内田三夫　向山正義
石井弘利　東野頼子　網干勇　立花武　加藤史郎　和田幹司　河合節二　浅山三郎　倉橋正巳　馬場正一
松澤賢治　高橋正幸　石澤秀二　橋本広司　橋本さえ子

◇団体

ラジオ関西　神戸新聞　サンテレビ　NHK　毎日放送　朝日放送　読売テレビ　朝日新聞　毎日新聞　中日新聞
日本経済新聞　読売新聞　産経新聞　時事通信　共同通信　日本テレビ　TBS　フジテレビ　テレビ朝日
京都新聞　東海新報社　ベイエリア　電通　博報堂　神戸中華同文学校　カナディアンアカデミー
マリストインターナショナル　日本財団 阪神淡路コミュニティ基金　神戸大学　ヴィッセル神戸
オリックスブルーウェイブ　阪神タイガース　コベルコ神戸スティーラーズ　クロネコヤマト　神戸空港
ANAスカイマーク　JAL　神戸市職員労働組合　神戸ホテル6社会　良友酒家
神戸市従業員労働組合　神戸交通労働組合　東映京都撮影所　DRT JAPAN　yasuko's kitchen　日々カフェ
珈琲屋あうん　吉田酒店　寿し福　神戸青年仏教徒会　三宮センター街2丁目商店街振興組合
三宮センター街3丁目商店街振興組合　絆福祉会　山川医院　MTBグループ
神戸市環境共栄事業協同組合　シティータワー神戸三宮歯科　弁護士法人アーネスト法律事務所
AGEHA　アティチュード　南京町商店街振興組合

著者プロフィール

堀内 正美

1950年、東京生まれ。桐朋学園大学演劇科在学中にスカウトされ、TBS金曜ドラマ「わが愛」で俳優デビュー。以後、多くのテレビ・映画・ラジオ・舞台に出演し、多様な役柄を演じている。東京から神戸に移り住んで11年目の1月17日に起きた阪神淡路大震災発生後には、被災した方々を勇気づける合言葉「がんばろう神戸!!」を発案。市民ボランティア・ネットワーク「がんばろう!!神戸」を結成し、支援活動を始める。以降、自然災害で被災された方々を始め、事件、事故で心に傷を抱えた方々の支援活動に注力している。

喪失、悲嘆、希望　阪神淡路大震災 その先に

2024年11月 8 日初版発行
2025年 1 月17日第3刷発行

著者◆堀内 正美
発行者◆松田 小牧
発行所◆株式会社月待舎
〒658-0064 兵庫県神戸市東灘区鴨子ヶ原 3 - 28 - 3 ビバアルファ 201
ブックデザイン◆井上 もえ (デザインはれのひ)
印刷・製本◆シナノ書籍印刷株式会社

ISBN 978-4-911390-00-9